THE ECONOMICS of
JUST ABOUT EVERYTHING

魔鬼经济学 ²

［澳］安德鲁·利（Andrew Leigh）◎著 易 伊 ◎译

四川人民出版社

图书在版编目（CIP）数据

魔鬼经济学 2/（澳）利著；易伊译 .—成都：四川人民出版社，2016.1
ISBN 978-7-220-09709-6

Ⅰ.①魔… Ⅱ.①利… ②易… Ⅲ.①经济学－通俗读物 Ⅳ.① F0-49

中国版本图书馆 CIP 数据核字（2015）第 287025 号

The Economics of Just About Eveything by Andrew Leigh
Copyright © Andrew Leigh 2014
First published in 2014 by Allen & Unwin Pty Ltd, Sydney, Australia
Published by arrangement with Allen & Unwin Pty Ltd, Sydney, Australia through Bardon-Chinese Media Agency.
Simplified Chinese translation copyright © 2016 by Grand China Publishing House
All rights reserved.

No part of this book may be reproduced in any form without the written permission of the original Copyrights holder.

本书中文简体字版通过 Grand China Publishing House（中资出版社）授权四川人民出版社在中国大陆地区出版并独家发行。未经出版者书面许可，本书的任何部分不得以任何方式抄袭、节录或翻印。

四川省版权局著作权登记　[图进] 21-2015-210

MOGUI JINGJIXUE 2

魔鬼经济学 2

[澳]安德鲁·利 著
易 伊 译

执行策划	黄 河　桂 林
责任编辑	张 丹
内文设计	王 雪
封面设计	张 英
责任校对	蓝 海
特约编辑	张 艳　宋金龙
责任印制	王 雪

出版发行	四川人民出版社（成都槐树街 2 号）
网　　址	http://www.scpph.com
E-mail	sichuanrmcbs@sina.com
新浪微博	@ 四川人民出版社官博
发行部业务电话	（028）86259453　85259453
防盗版举报电话	（028）86259457
印　　刷	深圳市汇亿丰印刷科技有限公司
成品尺寸	166mm×239mm
印　　张	13.5
字　　数	160 千字
版　　次	2016 年 2 月第 1 版
印　　次	2016 年 5 月第 3 次印刷
书　　号	ISBN 978-7-220-09709-6
定　　价	38.00 元

■版权所有·侵权必究

本书若出现印装质量问题，请与我社发行部联系调换
电话:(028) 86259453

致中国读者信

Dear Chinese reader,

Over recent generations, no country has been so much shaped by economic ideas as China.

I hope this book will help you better understand the economic way of thinking, and how economics can help you to live a happier and more fulfilling life.

中国朋友们：

　　近几十年来，经济思维对中国发展的影响超越它对任何其他国家的影响。

　　我衷心希望，当你读完这本书时，可以感受到经济思维的强大威力，并了解经济学如何使你拥有幸福而圆满的人生。

安德鲁·利

目 录

前　言　撕开虚假面具，重新认识世界　1

第 1 章　只看颜值，找到真爱的概率有多大？　11
一名经济学家会如何在网上快速约会？在信息不完全的情况下，你能找到真爱吗？结婚人士的离婚概率有多大？同性恋群体有着怎样神奇的地理分布？

第 2 章　交通事故中，SUV 在救人还是在杀人？　27
你愿意付钱给别人以帮助自己戒烟吗？为什么 SUV 如此受欢迎？肥胖究竟是饮食问题还是运动问题？经济学家怎样做到按时睡觉？

第 3 章　GDP 越繁荣，心脏病发作率越高？　43
谁是全澳大利亚最佳击球手？哪支球队的效率冠绝澳大利亚橄榄球联赛（AFL）？为什么优秀的足球运动员大多出生在 8 月？澳大利亚全国橄榄球联盟起源洲赛中隐藏着怎样的经济学原理？

| 第 4 章 | 身高和才华，哪个更值钱？　　61

职场中，女性遭遇更多的是晋升时的玻璃天花板，还是难以脱身的底薪泥沼？这是一个看脸的社会吗？颜值高的人挣钱更多吗？除了缴学费，我们还要为在校读书付出哪些额外代价？

| 第 5 章 | 毕加索画作：20岁比60岁贵4倍　　75

我们能够从伟大艺术家的事业周期中学到什么？为什么澳大利亚知名画家西德尼·诺兰的巅峰期比阿瑟·博伊德来得早？而澳大利亚最负盛名的作家凯特·格伦维尔的巅峰期却比《偷书贼》的作者马克斯·苏萨克来得晚？

| 第 6 章 | 为什么说学校是最好的监狱？　　95

枪支回购协议如何减少自杀事件？为什么不法分子对非受害者造成的损害比受害者还要大？无铅汽油对犯罪率有着怎样的令人惊讶的影响？

| 第 7 章 | 谁能有效打击恐怖主义？金钱还是武器？　　115

为什么贫困、贪污和恐怖主义总是相伴而生？奥林匹克运动会如何走出第三世界悲剧？比较优势的理念如何运用到国际援助当中？

| 第 8 章 | 股票市场与天气，哪个更难预测？　　135

为什么相比汇率预测师，你更应该相信天气预测专家？在预测奔富葛兰许干红葡萄酒方面？经济

学家会给我们怎样的启示？我们是应该坚持提前预测，还是相信临近预报？经济学家怎样做到按时睡觉？

第9章　多受一年义务教育，收入提升10%　155

为什么阴天时我们更倾向于买黑色轿车？一条清理桌面的备忘录怎样毁掉一名CEO？圣诞节的净损失是多少？

致　谢　163

注　释　167

前 言

撕开虚伪面具，重新认识世界

2004年6月30日，星期三，这天晚上墨尔本北部森伯里区的凯茜·斯韦尔斯静静地坐在家中品茶。怀孕39周的她正小心翼翼地等待着时间一分一秒地流逝。[1]

斯韦尔斯的焦虑事出有因。上个月，澳大利亚财政部长彼得·科斯特洛公布了他的第九项财政预算：2004年7月1日之后出生的婴儿的家庭，可以从政府得到3 000澳元的补贴。

因为该项政策会在公布之后的两个月内生效，所以政府认为它不会影响国民对怀孕时间的选择。但是，激励政策是否会导致已经怀孕的人延迟婴儿的出生时间？当被记者问道："如果这项政策在宣布之后立即生效会不会更好？"卫生部长回答得有些支吾："如果母亲们愿意拿自己孩子的安危开玩笑，你的建议确实更好；但我认为没有母亲会这样做。"[2]

这个问题的核心，是一个基本的经济学问题：人们会对激励做出怎样的反应？为研究这个问题，我和墨尔本商学院的教授乔书亚·甘斯决定对相关数字进行一些运算。[3] 我们的研究方法和你将在本书中读

到的大多数研究方法一样：从尽可能多的数据来源收集尽可能多的数据，然后寻找其中的规律和模式。

关于澳大利亚生育激励政策的研究结果显而易见。过去30年间，澳大利亚每天的婴儿出生数量平均维持在600名左右。但是2004年6月30日这一天，这一数字骤跌。然后在7月1日，全澳大利亚的婴儿出生数量达到了1 005名，这是有记录以来的最高值。这波"婴儿潮"一直持续到了7月中旬。由此，我们估计有超过1 000名婴儿的出生日期从2004年6月被推迟到了7月。

父母是怎样改变自己孩子的出生日期的呢？答案是，大约一半以上的澳大利亚新生儿都借助了药物引导或剖宫产。事实上，对比分析婴儿出生过程的数据之后，我们发现7月份的剖宫产和药物催产的数量确实明显高于6月。另一方面，自然分娩的数量基本没有变化。这表明，家长们对激励政策做出了相应的反应。

这个结果有些让人啼笑皆非，于是我们打算看看激励是否会在生命的另一端产生同样的作用。[4] 既然激励政策会改变人的出生时间，那么它是否会影响到人的死亡时间呢？我们把目光投向了25年前，即1979年7月1日，那一天，澳大利亚废除遗产税。在那之前，遗产超过100万澳元的人，将会被征收28%的遗产税。

和研究婴儿出生一样，我们比较了6月最后一周和7月第一周的死亡统计数据，并再次发现了明显的异常。我们推测，为避开遗产税有效的最后一周，将近50人的死亡时间被延迟。表面来看，激励政策对死亡人口的影响要小于对出生婴儿的影响，但这是因为在1979年，遗产税也只对10%的濒死人口有意义。鉴于这个原因，我们可以推测出，约50%的遗产税征收对象的死亡日期从1979年6月推迟到了1979年7月。这大概就是所谓的"死也要避税"。

可是，人类怎么可能改变自己的死亡日期呢？其中一个可能的原因是，家人以医疗设备延缓濒死者的生命时间；另一个可能的原因则是人类顽强的意志，病人可能会为了造福后代而挺到下一周；还有可能是家人谎报了死亡时间。和婴儿出生不同，我们无法准确判断有多少人在1979年6月的最后一周成功避开了遗产税，我们只知道，他们成功了。

经济学最基本的原理之一就是人会对激励做出反应。芝加哥大学诺贝尔经济学奖得主加里·贝克尔是"经济学帝国主义"运动的先驱，他认为"坚定和不懈地使用最大化行为、市场均衡和稳定偏好的联合假定构成了经济学研究的核心"。[5] 在婴儿出生的案例中，你会发现，当卫生部长看到政府出台的政策变成了一种恶性的激励之后，她感到了畏惧。

如果一定要给本书设定两个主题的话，那就是：**一，经济学无处不在；二，经济学很有趣**。如果你看到报纸上的财经专栏脑袋里就一团糨糊，那也不用担心，因为本书要探讨的并非什么贸易条款或财政紧缩政策的宏大命题，尽管它们很值得讨论。在这本书里，我们将探讨如何用经济学的方法解释日常生活中遇到的各种问题，包括体育、恋爱、减肥和艺术等，其中有些主题跟钱没有半点关系。经济学往往被描述为正当的利己主义，一种认为"贪婪即善"（源自著名电影《华尔街》。——译者注）的哲学。但事实上，经济学假定，人们追求的是自己福利与幸福的最大化，而不仅是金钱收益的最大化。经济学既可以解释"守财奴"史高治·麦克老鸭的行为，也可以解释为什么有些人为了帮助他人甘愿牺牲自己的生命。

过去几十年，经济学发生了翻天覆地的变化，其疆域急剧扩张。顶尖的年轻经济学家把几乎一切事物纳入了经济学研究，包括童子军、

种族歧视、报纸的偏见性报道和电视的作用等。评估过国际顶尖名校最新公布的一系列经济学学术研究之后,普林斯顿大学经济学家安格斯·迪顿表示:"20年前,这类研究基本属于天方夜谭。"[6]

然而,这场"魔鬼经济学"革命很晚才波及澳大利亚的各大高校。除少数例外,大部分澳大利亚经济学家研究的都是更加传统的主题。在未来几年,我希望这种"万物经济学"理论能够影响澳大利亚高中及大学的经济学授课方式。或许这将提高经济学专业的入学率,因为现在每50名本科生中只有1名选择攻读经济学。

我们来举一个简单的例子,看经济学怎样解决日常生活中的问题。假设你正躺在舒适的沙滩上,手里拿着一个巧克力冰激凌。那是一个炎热的夏天,当你正想咬一口冰激凌的时候,它从你手中滑落,掉在了地上。这时候,卖冰激凌的大叔问你:"要不要再来一个?"

这种情况下,我们大多数人会生气地踢一脚沙子,然后闷闷不乐地走人。但经济学家告诉我们,如果手里有足够的钱,你最好还是再买一个。**因为刚才那个冰激凌已经不可能重回你手中,所以你应该忘掉它,然后做下一个决定。**如果一分钟之前,你愿意花几澳元买个冰激凌,现在你也应该愿意。用经济学术语来说,你应该考虑自己的边际收益。

有时候,经济学思维真的事关生死。1790年,"第二舰队"(the Second Fleet)从英格兰起航。和大英帝国政府组织的"第一舰队"(the First Fleet)不同,第二舰队是一支商业舰队。"惊奇号""海神号"和

"斯卡保罗"号,这三艘主力船舰均由曾卷入过大西洋奴隶贸易的 Camden, Calvert & King 船舶公司建造。Camden, Calvert & King 船舶公司以每名 6 便士的价格运送了近 1 000 名罪犯。

第二舰队经历了堪称航海历史上最残酷的 5 个月航行。为降低成本,船上的水手都是从当地酒馆招募的醉汉和无赖。他们对待罪犯十分残忍,鞭笞、毒打如同家常便饭,而真正的饭食却遭到严重克扣,省下来的粮食将会在上岸之后倒卖掉以换些酒钱。罪犯们被戴上脚镣,塞进甲板下面。很快,坏血病开始肆虐。到达悉尼海港时,船上的罪犯几乎被虱子埋了起来。最终,大概 33% 的罪犯在海上死亡,剩下的 67% 也已经奄奄一息命悬一线。[7]

这些骇人听闻的消息一传到英格兰,就引起了强烈抗议。但 Camden, Calvert & King 船舶公司已经为罪犯们准备好预计 1791 年起航的第三舰队了。对此,政府决定改动赔偿条款。新条款规定,船舶公司的酬金直接和结果挂钩,其中 20% 的报酬,只有在罪犯们健康抵达目的地后才会支付。[8] 于是,第三舰队的船只不再那么拥挤,罪犯们也得到了更好的对待。抵达时的死亡率下降到了 9%。

从第二舰队到第三舰队的进步,反映出了船舶公司面临不同权衡选择(Trade-off)时做出了不同的决定。当舰队以离岸罪犯的数量获得酬劳时,他们选择了高罪犯数量和高死亡率,而当薪酬条件变为"活着抵达澳大利亚的罪犯的数量"时,他们做了另一个选择:每艘船装载更少的罪犯,给每个罪犯更高的食物配给和更好的待遇。

记得加里·贝克尔关于稳定偏好的评论吗?在这个案例中,船舶公司负责把罪犯运往世界各地。如果他们在 1790 年的时候,把赚钱看得比罪犯的生命更重要,那么在 1791 年的时候,他们的价值观应该不会发生多少变化。所以,如果想让船长更在乎罪犯的生命安全,

你做出判断的时候,最好考虑到船长的观念是"稳定"的,短期之内他们还会认为赚钱比较重要。

面对丑恶的观念时,"稳定偏好"假设尤为重要。虽然第二舰队的船长和水手的"偏好"十分令人厌恶,但与其尝试改变他们(比如在第三舰队出发前对船员进行伦理道德培训),不如调整他们将面临的激励。

经济学家总喜欢冲破时空界限去寻找世间通用的法则,因此我们常常将经济学的放大镜对准海盗、药物成瘾、一夫多妻制和巫术魔法等,它们因此备受关注。事实上,我们还喜欢和一种叫作"僧帽猴"的南美灵长类动物玩游戏。[9] 那些猴子可以用代币换取不同种类的食物,比如苹果或葡萄。通过不断改变得到每种水果所需的代币数量(价格),以及每只猴子拥有的代币总数(财富),实验人员发现了与预期模式一致的结果:如果某种水果价格上涨,猴子们就会少买一些这种水果。

经济学家的目标是让这个复杂、不确定的世界变得更加容易理解一些。我们尝试用数据证明激励、偏好、边际思维等相关理论。经济学家比其他社会科学家更喜欢庞大的数据库。我在攻读博士学位时分析过一组拥有超过 100 万名受访者的调查,那是刚刚进入 21 世纪的时候,而今天的工作人员使用的数据库要大得多。经济学家也非常关心事物的因果关系。尽管每次朝阳升起时公鸡都在打鸣,但这不代表是公鸡打鸣导致了太阳的升起。如果你想要弄清楚相关关系和因果关系之间的区别,学习经济学将是一个不错的选择。

本书中,我将介绍我作为一名经济学家,在澳大利亚国立大学六年来的学术成果。我也会用亲身实践和观察到的最新数据,得出一些可能让你吃惊的结论。经济学最大的乐趣之一就是问一些没人知道答案的问题。这本书里有很多这样的问题。

在接下来的章节中,你会看到许多乔装打扮过的经济学现象。在第 1 章,你会读到和爱有关的经济学。世界上真的存在婚姻市场吗?在快速约会方面,经济学家会给出怎样的建议?第 2 章我将运用行为经济学的观点讨论如何让我们的生活变得更健康。如果你正在尝试戒烟、减肥或改善睡眠,经济学或许会给你一些不一样的答案。

然后我会将话题从健康身体转移到强健体魄上,并在第 3 章中研究体育问题。在这一章中,我们将研究怎样用经济学的方法,选出历史最佳击球手和史上最强澳大利亚橄榄球队。同时还会解开这个谜题:在运动员的职业生涯中,运气占多大比重?第 4 章我们会讨论一下薪水问题,研究你的性别、身高、受教育水平和长相将对你的工资造成怎样的影响。

第 5 章分析的是毕生事业(Career Cycles)。通过分析澳大利亚最伟大的画家、音乐家和小说家,来理解何谓成功的职业生涯。第 6 章中,我会把目光转向一种完全不同的领域——犯罪。证据表明,激励会改变人们的行为,甚至影响谋杀这种可怕的行为。在第 7 章,我会从经济学的角度分析全球贫困问题,讨论那些日平均收入在 1 澳元以下的人口所面临的资源匮乏问题,并探究如何用比较优势(Comparative Advantage)的观点解决国际援助问题。

第 8 章研究的是预测经济学。在预测经济衰退、汇率变化和未来工作方面,我们的经济学水晶球能够起到多大作用?经济学能够在葡

萄酒尚未酿成时就预测出这是否是一个伟大的年份吗？最后，第9章把所有线索都汇集到一起，得出一些结论，告诉你经济学如何帮你做出更好的决策甚至度过更有趣的一生。

伟大的牛津大学哲学家以赛亚·伯林曾把思想家分为两种类型，一种是只对一个大问题进行深入研究的"刺猬"，另一种则是广泛涉猎各种问题的"狐狸"。本书的研究跨越了这两种类型（我猜自己是个"长刺的狐狸"或"长着狐狸尾巴的刺猬"）。本书的目标是通过研究各种各样的情景与故事，传播少量但重要的经济学观点。[10]

人们对经济学家有个普遍的偏见，那就是他们认为经济学家只关心钱。如果你也这么想，那我就承认吧：我们确实是那种会把祖母卖给出价最高者，然后贿赂法官免去法律追究的人。然而在我的经验里，相比大多数人而言，世界级的经济学家，尤其是那些窝在学校醉心于学术的人，对钱的关心程度可谓很低。

人们之所以有这种偏见，大概是因为经济学家喜欢把所有事物货币化，以便比较。例如，我的一位朋友曾告诉我一条衣物购置心得：**平均下来，每次的穿用成本不要超过2澳元。如果一双鞋她会穿50次，那么她在这双鞋上最多可花100澳元，但是如果是一件可能只穿10次的衬衣，那她的出价就不会高于20澳元。但此定律不适用于婚纱和化装舞会的礼服。**

我这位朋友便是在做所谓的"成本—收益分析"：算出总成本和总收益，然后将其进行比较。不管是个人、企业还是政府，"成本—收益分析"都是辅助决策的好方法。但是，我们惊奇地发现，经常有人只是想在这方面做做样子而已。例如，在白天的正职工作中，我经常碰到一些煞有介事地做"经济研究"的"经济学家"，他们成功地为自己吸引了不少观众。实际上，这些"经济学家"所做的全部工作，不过是将诸如癌症、痴呆或霸凌行为的成本货币化而已。

必须指出的是,"成本分析"和"成本—收益分析"是两码事。成本分析不能帮助我们做决策。计算一种疾病的成本,是为了把它和治疗方案所能带来的收益进行比对。只计算事物的成本,就好像是指出一趟说走就走的滑雪之旅会让你的钱包变瘪、浑身酸痛一样。话倒是没错,但很显然,那不是全部的真相。

行为经济学让我们知道,即便是理性模型之外的问题,也存在系统的研究方法。从某种意义上来说,并非选择越多我们就越幸福。一项实验证明,展出 24 种不同口味果酱的展台可以吸引更多顾客,但只展出 6 种果酱的展台可以卖掉更多商品。对于 3 岁的孩子而言,让他从 100 个玩具中选 1 个,还不如让他专心玩一个玩具来得开心。有些公司就通过削减产品种类,实现了销量的增长。[11]

我们就像旅鼠喜欢自杀一样热爱着我们习惯的生活。(不过这个比喻对旅鼠并不公平,因为我们已经知道,旅鼠自杀的传说来自迪士尼 1958 年出品的电影,那部电影的导演在拍摄旅鼠"自杀"的画面时,其实是安排工作人员从布景的峭壁上往下扔旅鼠。[12])旅鼠效应准确地形容了人们在日常生活中做决定时盲目跟随的现象。比如在餐厅吃饭时,相比菜单最底部的那道菜,我们都更喜欢菜单最上面的那一道。不少人的手机铃声都是默认的出厂设置,大多数人的退休金投资会按照默认的投资计划放到默认的基金中。

行为经济学用以上事例告诉我们,做选择是困难的。因为我们不像僧侣那样有大把时间自省,也不像保险精算师那样精于计算。事实上,一个普通的公民更像是《辛普森一家》里的傻爸爸荷马·辛普森,而不是电影《2001 太空漫游》里万能的计算机"哈尔"。人的本性总是强烈地倾向于即时满足,但我们只需要运用简单的策略就能改变这

种倾向。如果你学习总是懈怠，那就选那些时不时就要考试测验的课程；如果你总是被狂刷信用卡后的负罪感折磨，那为什么不把信用卡冻在冰箱的水杯里呢？[13]

行为经济学运用到的模型或许更丰富，但它们并没有超出标准的经济学范畴。从"我应该弄个文身吗？"到"我应该和老板谈谈薪水问题吗？"，你一生中的大多数问题，都涉及经济学中"权衡选择"和"激励"的概念，都可以进行"成本—收益分析"，以忽略沉没成本。而没接触过经济学的人，很难认识到资源的稀缺性，也不认为人的偏好是稳定的。他们忽略了比较优势，也不懂如何运用边际分析。

经济学方法并非客观看待世界的唯一途径。但我衷心希望，当你读完这本书时，可以感受到经济学思维的强大威力。在《弹蓝色吉他的人》(*The Man with the Blue Guitar*) 一诗中，华莱士·史蒂文斯写道：

> 那人俯身，调校吉他琴弦。
> 日子青郁。
> 他们说："你抱着蓝色吉他，
> 弹奏的事物并不真实。"
> 那人答道："蓝色吉他上
> 事物改变了本来的面目。"

经济学就是我的蓝色吉他，我希望你喜欢从我指间流淌出的这首曲子。

第 1 章

只看颜值，找到真爱的概率有多大？

一名经济学家会如何在网上快速约会？

在信息不完全的情况下你能找到真爱吗？

结婚人士的离婚概率有多大？

同性恋群体有着怎样神奇的地理分布？

伊萨山市坐落在昆士兰北部，距离海岸线 400 公里，它的脚下埋着巨量的铅、银、铜、锌等矿藏。采矿自古以来都是由男性掌控的产业，所以自伊萨山市建立以来，那里的男性人口就多于女性人口。2008 年，伊萨山市市长约翰·莫洛尼决定采取措施，改善当地男女比例失衡问题。他公开表示："鉴于本市平均每位姑娘都有 5 名追求者，我们呼吁其他地方长相'抱歉'的女士搬到这里来。"

当被记者问到他是否认为长相丑陋的女性也可以在伊萨山市找到更美满的姻缘时，莫洛尼回答："当然，因为这里的竞争不那么激烈。"当地一名单身女性，27 岁的职业治疗师安娜·沃里克立即反击："这等于是在说这里的机会很美好，姑娘很抱歉。"[1]

该案例的奇怪之处在于，实际上那里的男女比例只是轻微失衡。据 2011 年的人口普查资料显示，伊萨山市男性为 11 325 名，女性为 9 912 名，比例与市长口中的 5∶1 相距甚远。然而，就是这么轻微的性别失调，让伊萨山市的市长和单身女性感觉天都要塌了。"市场均衡"是经济学的一个核心概念。如果把男女约会看成一个市场，那么一夫一妻制要求的就是男女数量大致相当。显然，伊萨山市的"市场"

不那么均衡——单身男性比单身女性更多。换句话说，在伊萨山市的约会市场中，存在着"男性失业"现象。[2]

在伊萨山市的案例中，男女比例失衡的问题让人们开始像经济学家一样思考"约会"这个市场。在本章结束时，我希望你能意识到"万物经济学"也可以用来解决婚姻配对问题。

经济学在面对婚恋问题时的观点，用蒂姆·明钦的歌《如果没有你》（*If I Didn't Have You*）来总结最恰当不过：

> 如果没有你将我紧抱，
> 如果没有你与我同眠，
> 如果没有你倾听我的叹息，
> 并且在我哭泣的时候吻干我的眼泪，
> 好吧，我真的认为，如果没有你……
> 我也会有别人。

在考虑其他可能的人选之后，歌里的小伙子或许会决定继续播撒自己爱的种子。蒂姆·明钦继续唱道：

> 这在数学上根本就不可能，在珀斯市的一所大学里
> 我碰巧遇见地球上专门为我而生的女孩？

正是年轻人在择偶方面有着令人眼花缭乱的排列组合，惠特拉姆乐队才会这样唱：

> 如果说她是百万中挑一的佳人，

那么在新南威尔士州至少还有五个她这样的女孩。

那么，一名深陷绝望的经济学家会怎么做呢？³ 约会经济学有三条简单法则：

1. 世界上没有绝对的般配，但有的组合明显优于其他选择。
2. 除非你开始了解对方，否则你永远不知道你们有多合适。
3. 时间是稀缺的，所以基于有限信息做出决定也比不做决定好。

约会中的难题是，你得到的信息永远都不完全，时间也总是不够。为了让你意识到问题的严重性，我们假设你是一位年龄在18到25岁之间的年轻人，你正在寻找一位年龄相当的最佳爱侣。

假设你有150万个男人和150万个女人可以选择。现在请挑选其中一种性别，并与他们每个人约会3分钟，你也需要25年时间才能挑出自己最喜欢的对象。而如果你想延长一点约会时间，或者你是双性恋，又或者你希望伴侣年纪稍大一点，再或者你的真爱在国外，那么几辈子的时间都不够用了。

幸运的是，经济学家从来不会被涉及庞大数字的问题吓倒。事实上，经济学家对这种问题再熟悉不过，它就是所谓的"最优停止"（Optimal-stopping）问题。

最优停止问题的观点很简单：你必须选择一个停止时间，以得到最佳结果。 信息由一个随机程序产生，每天你都会得到一些新的信息。你可以自己选择什么时候停下来。如果你永远不停下来，那你得到的结果就不会特别有吸引力；所以在某个时间点上，你或许应该停下来。

1875年，剑桥大学数学家阿瑟·凯莱在研究赌博时首次提出最优停止理论。[4]从那以后，这个理论经常被用于解决其他日常生活问题。如果你想要卖掉自己的房子，你应该在什么时候接受一个低于你开价的价格？如果你正在求职，你应该在什么时候接受一份工作？如果你的车出现故障，你应该在什么时候卖掉它？如果你正在钓鱼，你应该什么时候收竿回家？

但对最优停止理论最有趣的运用还是在婚恋问题上。和其他最优停止问题一样，没人强迫你在何时终止寻找最佳伴侣的行为。同样，你可以永远不卖掉房子，永远不去工作，永远不卖掉自己的车，直到它在高速公路上抛锚，你也可以钓鱼钓到太阳落山。对大多数人而言，约会和上述问题的性质一样。

然而，你应该怎样开展信息收集工作以求得最佳结果呢？一种观点是，在买房子时尽可能多地收集信息。我向一些经济学家调查的时候，他们告诉我快速约会或网上交友跟买房子是一个道理，因为现代先进的搜索技术为我们提供了足够多的与潜在对象相关的信息。

网上交友会产生巨大的数据集合。经济学家最喜欢分析大数据，所以经济学家与婚恋问题简直是天作之合。总体而言，研究结果令不少人惊讶：无论男女，他们都偏爱和自己年龄相仿、收入相近、教育水平相当，以及同一种族的人。[5]在异性恋伴侣中，女性对高收入男性有着强烈偏好，男性则最看重女性的外貌。

研究网上交友行为时，经济学家发现了更多更有趣的事情。比如，有大概80%的情况是男性主动搭讪女性。在男性发给女性的100封邮件中，只有不到4封邮件可以达成初次约会。[6]平均算下来，达成初次约会大约需要6封邮件。网上交友时人们出乎意料地挑剔。

网上交友已经改变了我们的人际关系。有研究发现，约会网站

RSVP 的用户中，有 20% 的人步入了婚姻的殿堂。[7] 网络让原本永远不可能有交集的人走到了一起。几年前，在一趟飞往美国的航班上，我结识了一位做零售助理的布里斯班女性。她当时通过 eHarmony 网站认识了一名生活在休斯敦的直升机飞行员，最后他们成了男女朋友。不久前，她男友飞到澳大利亚与她共度了一周时光，现在她正要去美国得克萨斯州与对方共同生活。一个电脑程序赐予了她这段美妙姻缘。

对于那些希望寻求不寻常伴侣的人来说，网上交友格外重要。比如一位生活在小镇的年轻的同性恋者，通过网上交友的方式寻找潜在伴侣可能就比线下约会安全得多；而对于那些希望寻找一位特殊种族、宗教或身材的伴侣的人来说也是如此。这就解释了一些网站存在的合理性，例如面向犹太伴侣的"天生一对"（Two of a Kind），面向男同志的"澳洲猛男"（Aussie Men）和面向老年伴侣的"成熟交友"（Mature Match Maker）。

网上交友也存在一定风险，因为任何人都可以假装成别人，就像那幅著名的《纽约客》漫画里说的那样："在网上，没人知道你是一条狗。"在网上交友的人都懂得一些基本常识，例如搜索一下聊天对象的基本信息，不要给陌生人汇款，以及初次约会的地点尽量选在公共场合等。尽管存在风险，但网络科技确实为原本一辈子不可能遇见的人提供了潜在的机会。

其他一些研究则分析了快速约会的问题，他们让一组组男女在特定环境中相见，并轮流进行简短地交流。每次交流结束后，研究人员会询问这一组男女是否有兴趣交换联系方式，即所谓的"示好"。如果双方都愿意，研究人员就会为他们提供对方的联系方式。

还有一个研究小组分析了一家英国婚恋速配公司的数据，这家公司每次举办的活动平均会吸引 22 名男性和 22 名女性。[8] 研究发现，在一次活动中，一名典型的男性参与者会向对方示好 5 次，而一名典型的女性参与者会向对方示好 3 次。也就是说，相比男性，女性拥有更高的选择性。因此，33% 的男性参与者和 10% 的女性参与者会落寞而归。平均而言，高个子男性、苗条的女性和不吸烟的人会收到更多的示好。是否有孩子则不影响收到示好的次数，当然也有可能是因为短短 3 分钟内他们很少会谈到这个话题。

另一项研究中，美国经济学家亲手开发了一套恋爱速配程序，并邀请哥伦比亚大学的学生参与了这套程序的实验。这套程序可以收集参与者的智力水平（以大学入学分数为参考）和外貌水平（由独立第三方评判）的数据。不出意料，研究者发现女生更重视对方的智力水平，而男生更在意对方的外貌。更令人好奇的是，他们观察到女性对同种族异性表现出了强烈的偏好，但男性没有这种情况。（另有研究在男性和女性身上都发现了明显的种族偏好。）[9]

因为美国的研究小组是自己动手举办速配约会，而非简单收集他人已得出的现成数据，所以他们可以调整参与者人数并观察结果。当快速约会有 10 名男生和 10 名女生参加时，男女都会向其中一半的异性示好。当快速约会人数增加到男女各 20 人时，男生依旧会向其中一半女生示好，但女生会变得更挑剔，只会向 33% 的男生示好。研究人员引用《纽约客》漫画中的情节来解释这一发现：漫画里，一堆男人和一堆女人坐在吧台的两端，男人脑袋里冒出的想法气泡是"全选"，而女人想的则是"一个也不选"。

网上交友和快速约会能让你对约会对象的了解稍微多一点，但无论是通过电子邮件还是 3 分钟的简短交流，你得到的信息都非常有限。为了解决现代人婚恋中的最优停止问题，你应该对自己的潜在伴侣有更加深入的了解。

这就是事情开始变得有点复杂的地方。在有的最优停止问题中，信息会马上出现。例如，卖房子时你马上就会知道目前的报价比前一个报价高还是低；钓鱼时，当你把鱼拉出水面的一瞬间，你就能判断鱼的大小。而在另一些最优停止问题中，你不可能很快就知道自己是否找到了最适合的东西。如果你是找工作，除非工作一段时间，否则你也无法判断那家公司是否适合你。如果你在寻找爱情，正如蒂姆·明钦所言，爱并非"天生完美"，但"日久总会生情"。

所以，当你和他人约会时，常常遇到以下状况：双方都想弄清楚对方是不是自己要找的人，然后，你们相处的时间越久，你们的关系就会越亲密。

听上去很复杂，不是吗？但是经济学中的人际关系也并不总是充满负能量。实际上，理论和实验证据都表明，基于爱情的配对正越来越多。我的朋友，密歇根大学的贝齐·史蒂文森和贾斯廷·沃尔弗斯是一对经济学搭档，他们共同研究一些不同领域的经济学问题，其中就包括家庭经济学。

史蒂文森和沃尔弗斯指出，一个世纪以前，正常的情况是父亲负责在外挣钱养家糊口，母亲负责主持内务。[10]因为男女之间分工明确，所以那个时代的人所面临的婚姻激励，就是寻找一个和自己能力互补的人。也就是说，年轻男性寻找的是优秀的家庭主妇，而年轻女性寻找的是强大的顶梁柱。

但今天的情况已经发生了巨大变化。虽然有的家庭仍保留了传统的男女分工，但大多数母亲都有领薪水的工作，大多数父亲也会在家里忙前忙后。父母同时负责养家糊口和家务劳动的情况比以往任何时候都要多。**所以今天的年轻人——相比他们的爷爷奶奶——不再那么热衷于寻找和自己能力互补的另一半。相反，他们更倾向于寻找和自**

己有很多共同点的异性。有史以来，年轻人首次拥有了寻找灵魂伴侣的自由。

的确，证据显示，随着收入增加，人们恋爱的几率也随之增大。盖洛普公司调查了来自113个国家的人们，问他们在前一天是否感受到了爱。在欠发达国家，10个人里面有6个人给出了肯定回答，而在发达国家，10个人里给出肯定回答的有7个。[11] 可能有的受访者在回答时，脑海里想着的并非浪漫的爱情，而是朴实如对父母的爱或者对孩子的爱，也有可能是披头士乐队错了：金钱可以买到爱情（披头士有一首歌叫《金钱买不到爱情》。——译者注）。

如果爱情进展顺利，你就有可能步入婚姻的殿堂。是否应该结婚是一个个人问题，经济学给的答案往往很直接。想象有一对年轻夫妇，克里斯和金。他们都希望享受一对一的忠诚爱情，但他们都清楚，自己也可能因受到诱惑而对对方不忠。**婚姻会提高背叛伴侣的社会成本**。婚后的不忠行为有一个新名字叫"出轨"，出轨意味着当事人违背了结婚时在亲友面前对另一半许下的诺言。从金的角度来说，如果克里斯以前——套用希拉里·克林顿的话——是"一条不安分的狗"，那么婚姻可以阻止克里斯继续在外鬼混。即便金自己是更有可能出轨的那一个，她也会喜欢婚姻，因为婚姻可以防止她拿自己的终身幸福去换取短暂的欢愉。

早在经济学出现之前，人们就明白了这个道理：要为了长期收益而割舍短期利益。荷马史诗《奥德赛》中有一种叫塞壬的海妖，这种

美丽的尤物会用自己魅惑的歌声把水手们吸引到充满暗礁的海域。奥德赛为了听到塞壬的歌声，便让耳朵被蜂蜡塞住的水手将自己绑在桅杆上。他告诉水手，当他聆听塞壬的歌声时，无论如何也不要给他松绑。"把自己紧紧捆在桅杆上，不要以为高尚的品德可以敌过诱惑的歌喉。"[12] 就像奥德赛把自己绑在桅杆上一样，婚姻有时候之所以能够带给我们幸福，是因为它帮助我们避开了诱惑。（下一章，我们会从健康经济学的角度再次探讨这个问题。）

如果你选择结婚，大概就会参加一个有着深远经济学背景的仪式：订婚。新郎会为新娘戴上一枚昂贵的戒指。之所以会有订婚戒指，是因为在那个时代，男人把新娘的贞操看得很重。一旦订婚，情侣们就可能会在幽会的时候干柴烈火一把。这意味着，如果订婚之后，男方取消婚约，那么准新娘将不太可能再次找到如意郎君。为补偿损失，准新娘会保留订婚戒指不予退还。虽然现代社会普遍接受了婚前性行为，但赠送昂贵订婚戒指的习俗却流传了下来。

然而，无论订婚戒指多么昂贵，总会有一些婚姻走向破裂。互联网虽然可以帮助人们找到真爱，但也给婚外情提供了滋生的温床。比如美国就有个叫作 Ashley Madison 的网站，专门为婚外恋服务。有一项数据或许违背了"所谓的常识"：妻子们造成的离婚数量大约是丈夫们的两倍。[13]

不同群体间的平均离婚率有相当大的差异。[14] 基于一个近 7 000 人的统计数据样本，我把影响离婚的因素归结为三点：结婚时的年龄，结婚时是否完成了高中学业以及已婚时长。数据显示，在婚姻的第一个十年中，没有完成高中学业，且在 20 岁之前就结婚的夫妇离婚率最高，其中 23% 的夫妇会在婚后 5 年内离婚。相比之下，完成了高中学业，并且在 40 岁之后才结婚的夫妇，其离婚率仅为 5%。（见表 1.1）

在结婚超过 10 年的夫妇当中也出现了同样的规律。20 岁之前结婚的夫妇离婚率约为 30 岁后结婚夫妇的 2 倍。用经济学术语来表达，如果你在 20 岁之前停止（即结婚），那么你不大可能找得到最优停止问题的最优解。

理论和数据都给出了这样一个建议：未满 20 岁的年轻人最好不要急着结婚。

表 1.1 婚后 5 年内离婚或分居的概率

	结婚年龄			
	20岁以下	20－29岁	30－39岁	40－49岁
结婚未满10年				
未完成高中学业	23%	11%	11%	10%
已完成高中学业	5%	9%	9%	5%
结婚超过10年				
未完成高中学业	5%	3%	3%	2%
已完成高中学业	7%	4%	2%	4%

注：未满 5 年的婚姻平均离婚率为 5%。

出乎意料的是，夫妇是否育有孩子并不影响其离婚可能性。但如果进一步研究关于离婚的数据，就会发现一个奇怪的规律。在育有两个孩子的家庭中，有一个男孩和一个女孩的家庭，其离婚率与有两个男孩或两个女孩的家庭明显不同。

为理解其中原因，让我们回到"偏好"这个概念。传统经济学认为，如果你有两种喜欢的东西，那么相比拥有单一品种的两个同样的东西，你更希望每一种各有一个。**这是因为，一样东西你拥有的越多，继续拥有更多同样的东西为你带来的满足感会越少。**拥有一辆自行车会让人很幸福，但两辆自行车并不会给你带去双倍的幸福感；我们都很喜

欢两周的假期,但再给你两周,你的兴致或许就会略微下降。用经济学术语来表述:某种事物带给人的"边际"愉悦感,会随着事物数量的增加而递减。所以一个正常人会选择拥有一辆自行车和一段两周假期,而不是两辆自行车但没有假期,或两段两周假期但没有自行车。

回到孩子的问题上。儿子是块宝,女儿也是块宝。但任何父母都知道,男孩和女孩是不同的。无论天性使然,还是后天受教育的原因,男孩更喜欢踢足球,女孩更喜欢芭蕾舞。所以,正常夫妻更想要一儿一女而不是两个儿子或两个女儿,这不难理解。

我将给出澳大利亚人口普查数据来支持这一观点。[15] 我的出发点基于这样一个事实:相比拥有一儿一女的家庭,拥有两个儿子或两个女儿的家庭更倾向于要第三个孩子。这让我联想到,拥有两个儿子或两个女儿的家庭,幸福感会相对低一些。研究了 20 000 对伴侣的数据后,我为这个理论找到了强有力的证据。在拥有两个孩子的家庭中,拥有两个男孩或两个女孩的父母,其结婚率比拥有一儿一女的父母低大概 2%。不幸的是,和婚姻调查不同,这个发现几乎没什么用处。我们可以自由选择结婚的时间,但没法选择孩子的性别。[16]

然而,我们之中那些幸运的、拥有自己孩子的父母却可以自行选择孩子的数量。对此,经济学能为你提供一些观点。孩子会增加你的支出。一个拥有两个孩子的中等收入家庭,孩子从出生到完成学业,总花费约为 80 万澳元。[17] 其中包括 16 万澳元的交通支出,14 万澳元的食物支出和 10 万澳元的娱乐支出。

对不懂经济学的人来说,关于孩子抚养成本的思考或许到此为止。但如果想对养孩子这件事有个更全面的判断,仅计算财务支出远远不够,你还得把自己放弃的收入算进去。如果抚养孩子让你放弃了 1 澳元的收入,那么从经济成本来看,这和你在抚养孩子时花费 1 澳元是一样的。**换句话说，经济学告诉我们，一样东西可以在不产生额外支出的情况下增加成本。**

在孩子的案例中，如果把经济成本全部算上，结果将截然不同。通常，生孩子会中断女性的事业，而在孩子年幼时，妈妈们也不太可能全情、全职地投入工作。这不但降低了她们的短期收入，更损耗了她们的劳动市场经验。一位母亲为养育 2 个孩子所付出的生活成本平均达 60 万澳元。[18] 加上实际的财务支出 80 万澳元，一个拥有两个孩子的澳大利亚家庭付出的总成本是 140 万澳元。

那么，你应该养育几个孩子呢？经济学没有给出明确的答案，但它建议你在决定孩子数量的时候，把自己整个人生的幸福都考虑进去。大半夜起来给孩子换尿布、睡眠被严重剥夺后，你或许会希望自己一个孩子也没有；但随着年事渐高，成为祖父母的时候，你可能会希望自己有 12 个孩子。对大多数人而言，最佳的孩子数量应介于二者之间。最佳答案并不仅仅是相对于你目前情况的最佳，而是相对你整个人生的最佳。

目前为止，我关注的都是异性伴侣，但异性伴侣并不能代表全部。根据 2011 年的人口普查，澳大利亚有 0.7% 的夫妇为同性伴侣，男同性恋与女同性恋各占一半。此次人口普查的同性夫妇占比，相比 1996 年增长了一倍。[19] 这或许一方面反映了同性恋人数的实际增长，一方面也说明人们在面对人口普查时更加坦白。对于同性关系的社会准则在急速变化，其表现是十几个涉嫌歧视同性恋的法案相继取消，以及人们对同性婚姻的大力争取。

对相关数据的研究带来了一些令人意外的结论，也重复了一些陈词滥调。比如，男同性恋最普遍的职业是销售经理，而女同性恋最普遍的职业是护士。同性恋夫妇的收入水平和受教育水平都高于异性恋

夫妇；同性恋夫妇也更愿意分担家务，且不太可能是虔诚的宗教教徒。大约 50% 的异性恋夫妇育有孩子，20% 的女同性恋伴侣有孩子，3.3% 的男同性恋伴侣有孩子。

一项经济学研究显示，我们甚至可以根据同性恋夫妇的分布情况来评判澳大利亚的城市质量。城市经济学中有个古老问题：哪座城市最适宜人类居住？之所以一再提出这个问题，是因为大多数相关研究指标都不能令人信服。房屋价格不仅关系着一个地方的宜居状况，而且与当地的就业质量相关。关于哪座城市更适宜居住的问题，涉及研究人员如何衡量气候、人口密度，以及餐馆质量等。

所以有人提出，为什么不看看同性伴侣们选择的居住地呢？同性伴侣有着更高的可支配收入，所以我们猜测他们会去更加宜居的地方。根据这种衡量方法，经济学家丹·布莱克、格雷·盖茨、塞思·桑德斯和洛厄尔·泰勒指出，美国最适合居住的 3 座城市分别为旧金山、华盛顿和得克萨斯州的奥斯汀市。把同样的方法应用于澳大利亚发现，最宜居的城市前两名是悉尼和堪培拉，这两座城市中，同性恋夫妇的占比为 1.1%；第三名墨尔本的同性恋夫妇占比为 0.9%。[20]

电视剧《宋飞正传》(*Seinfeld*) 中有这样一段插曲：起先，杰里雇用了一位美丽的女仆为他打扫公寓，后来，他开始和她约会。[21] 当杰里的新女友不再打扫公寓却继续从他那里拿钱时，克雷默惊恐地告诉杰里说他实际上正在为性付费。最后杰里告诉那位女孩，他们的关系结束了，同时她也被解雇了。把爱和钱混在一起确实相当危险。

如果你坚信经济学可以在爱情、婚姻和家庭方面给出一点什么建议,那么我必须再告诉你一个秘密。实际生活中,你或许可以找出 50 种方式离开你的爱人,但从经济学角度讲,你只有一种方式,而且是一种巧妙的方式。用经济学观点你可以解决最优停止问题,但如果你在初次约会时就泄露了这个秘密,那么你的第一次约会也将变成最后一次。

同样,如果你即将向姑娘求婚,我也不建议你告诉自己的未婚妻,她手指上的订婚戒指是婚约取消时她将获得的市价补偿。而产房外的小伙子们,千万别对刚经历了撕心裂肺的疼痛、为你生下孩子的妻子说:"亲爱的,你知道吗,因为你又生一个男孩,所以我们离婚的概率提高了。"

爱或许意味着你永远不必说对不起,但如果你开始和自己的另一半讨论婚姻经济学,你可能会发现自己道歉得越来越频繁。一种策略是,你在餐桌前小心翼翼地谈论经济学,并寄希望于对方哪天突然开悟;而更容易的策略是,将本书作为礼物送给你的伴侣。**这样的话,他就会自己发现,你们结婚不过是为了提高彼此的出轨成本罢了。**

第 2 章

交通事故中，SUV在救人还是在杀人？

你愿意付钱给别人以帮助自己戒烟吗？

为什么SUV如此受欢迎？

肥胖究竟是饮食问题还是运动问题？

经济学家怎样做到按时睡觉？

喜剧演员米奇·罗宾斯最重的时候一度达到 150 公斤。很长一段时间里，他都说："我知道……自己并不好看。"一天中最令他痛苦的事情就是刮胡子，"因为每天刮胡子的时候，你不得不照镜子。基本上，我整颗脑袋就是一张挂在颧骨下的大胖脸"。[1]

还有一件事很遭罪。罗宾斯的肺部功能不太正常，而且患有临界糖尿病。他睡觉时鼾声震天，他的妻子不得不和他分房睡。肥胖给罗宾斯的生活带来了很大麻烦。每次一看见楼梯，罗宾斯就不得不到处找电梯。坐下之前，他也要先评估那张椅子是否能承受住他的重量。

一位朋友认为罗宾斯具有成瘾人格（不少学者发现，酒精和药物依赖者往往存在人格缺陷，其主要特征是被动、依赖、自我中心、反社会行为、易生闷气、缺乏自尊，以及对人疏远。——译者注）。罗宾斯的妻子劳拉·威廉姆斯对自己丈夫无底洞般的食量感到担忧："一整天他的嘴巴都停不下来。他喜欢抱着一碗开心果或奶酪躺在沙发上，反正就是不停地吃。"

罗宾斯与体重所做的艰苦斗争，反映出了大多数人都在面临的内部挑战：我们要现在吃掉那块巧克力吗，即便知道第二天会后悔？在寒冷的冬天，午餐后我们是出去散散步，还是待在温暖的室内？

如今，无论从个人角度还是从社会角度，我们面临的最大难题之一就是经济学上所谓的"时间偏好不一致问题"。从吸烟、超速行驶、暴饮暴食到睡眠不足，我们被各种引诱迷惑，于是做出"今日一时爽，明天惨遭殃"的决策。

行为经济学的一大重要主题就是分析人们随着时间的推移会如何做决策。你可以把行为经济学看成经济学和心理学的私生子。虽然这门学科的准确诞生日期存在争议，但它的崛起是在20世纪90年代。和大多数私生子一样，行为经济学最初的处境有些尴尬，但现今绝大多数经济学家都承认了行为经济学作为经济学的分支地位。如果你听到有人说，经济学与心理学完全风马牛不相及，那么你可以判断他实际上说的是20世纪80年代的经济学，而非今天的经济学。

行为经济学的一个重要观点就是，人们可能在以前后不一的方式对待时间问题。传统经济学认为，人们可能将自己的未来"折现"。比如，是今天按摩15分钟还是明天按摩20分钟，大多数人会选择前者。[2] 但传统经济学理论没法解释下面这个矛盾的现象：在第七天按摩15分钟和第八天按摩20分钟之间，大多数人会选择后者。这两组选择实际上是一样的：多一天的等待，可以换取5分钟的按摩时间。但我们在今天和明天之间的选择，与在第七天和第八天之间的选择表现出了不同的行为模式。

同样的思维方式也出现在吃东西上。在一个关于自控力的巧妙实验中，研究者邀请参与者先在免费水果和免费垃圾食品之间做出选择，然后让他们在一周之后再来取食物。[3] 其中一半人选择了水果，另一半人选择了垃圾食品。然而，一周后，当参与者来取食物时却改变了当初的选择：83%的人选择了垃圾食品。就好像一个笑话说的那样：

"什么时间最适合节食？明天。"

行为经济学可以给很多领域一些经济学建议，但在健康问题上却是爱莫能助。在本章，我将探讨澳大利亚面临的四大健康威胁：吸烟、道路安全、肥胖和缺乏睡眠。经济学则能够帮助我们理解，为什么这些问题如此棘手。解决这些问题可以将澳大利亚变成一个更健康的国家。

让我们从吸烟问题说起。我收到过的最沉痛的邮件之一其中有这样一段话："我的曾祖父、祖父、父亲和一位叔叔都死于和吸烟相关的疾病。后三者过世时的年龄，都比他们那一代人的平均年龄小 20 – 30 岁。父亲的烟瘾折磨了他 20 年，直到他去世。父亲工作期间，每隔一段时间就必须停止工作在家休息。"

人类历史上的第一批烟民是美洲印第安人，他们在木管中点燃干燥的烟草。继哥伦布发现美洲大陆后，西班牙的探险家们于 16 世纪把烟草带回了欧洲。19 世纪 80 年代，美国人詹姆斯·邦萨克发明了可以大批量生产香烟的机器后，吸烟行为在大众中普及。随着香烟价格的下降，在 1945 年，75% 的澳大利亚男性和 25% 的澳大利亚女性都经常吸烟。[4]

人们吸烟的原因一点也不神秘：很爽。我从来没有吸过烟，所以请允许我引用另一位专家的描述。法国文学教授、《崇高的香烟》（*Cigarettes are Sublime*）的作者理查德·克莱因如此写道：

> 深深地吸一口烟，让有毒的烟雾充满你的身体；让它充满你肺叶中的每个肺泡；然后慢慢地，用鼻子和嘴把它呼出；烟雾缓缓上升，扩散，盘旋在你的头顶。就是这样……一口接一口地吸烟，每一次吞吐都让人沉醉：那一闪而过的新感觉，

那转瞬即逝的身心合一感,似乎让人接受了神父的洗礼。[5]

香烟是致命的。**它是世界上唯一在正常使用的情况下可以杀死半数用户的合法产品。**它的成瘾性非常强。如果你对烟民进行调查,92%的人会说自己打算戒烟。[6] 所以从经济学角度来说,吸烟是一个时间偏好不一致的问题:我们如何才能让人们拒绝眼前的诱惑,从而让他们在未来不必遭受心脏病、肺癌或组织坏死的折磨?

答案是激励与宣传并用。折算成今天的货币,过去30年的时间里,香烟成本从40分上升到了70分。由于年轻人对价格非常敏感,成本的上升明显降低了学生们染上烟瘾的比率。研究表明,平均而言,香烟价格上升10%,可以让吸烟率下降5%。[7] 另外一种激励是价格更便宜的尼古丁贴片。从2011年开始,凭借医生的处方笺,任何人都可以以1澳元的价格买到之前4澳元一片的尼古丁贴片。

澳大利亚也在积极开展活动宣传吸烟的害处,同时,二十多年来一直禁止报纸刊登和电台、电视播出香烟广告。2012年,澳大利亚成为世界上第一个要求香烟必须装在橄榄色无商标盒子里出售的国家。之所以出台这一政策,是因为研究发现,简单的包装可以降低青少年对香烟的兴趣。[8]

被宣传信息影响的可不止青少年。一项经济学研究发现,欧洲人之所以比美国人更爱吸烟,是因为欧洲人不相信吸烟有害健康。甚至,当研究者把分析目标定为非吸烟者时,也发现了同样的状况:美国有94%的非吸烟者认为吸烟有害健康,而德国只有84%的非吸烟者持同样观点。也就是说,和美国一样,澳大利亚在宣传吸烟致命的活动中取得了胜利。[9]

今天,澳大利亚吸烟者的男女比例分别是18%和14%,约为

1980年的50%。[10] 从经济学角度来看，吸烟人数下降的部分原因是，宣传信息在不断提醒人们，吸烟者现在的快乐将变成未来的痛苦。其中也有激励因素的功劳：购买香烟的成本升高，戒烟的成本下降。激励因素甚至能以其他的途径起到帮助。例如，在菲律宾的一项研究中，组织者要求吸烟者将买烟的钱存入一个为期6个月的账户。6个月后，吸烟者将接受尼古丁尿检。[11] 如果测试为阴性，他们可以拿回自己的存款；如果是阳性，存款不予退还。在签订实验合约的吸烟者中，有三分之一的人成功戒烟。

这个实验的组织者之一，耶鲁大学经济学家迪恩·卡兰成立了一个叫stickK的网站。这个网站邀请人们和未来的自己签订合约，从而解决时间偏好不一致问题。网站与独立第三方合作，让第三方来评估参与者是否在规定时间内成功戒烟。合约的激励因素既包括羞耻感（这个网站会把戒烟结果发送给参与者的朋友），也包括参与者按自己意愿存入的押金。当戒烟失败，参与者的钱就会被捐赠给一家常规慈善机构或一个专门反对某事物的慈善机构。（例如，一名左翼人士或许会把钱捐给乔治·布什总统图书馆。）stickK网站声称，目前为止，他们至少让人类少抽了200万支香烟。

另一个时间偏好不一致的问题是道路安全问题。2011年1月，6名未成年人驾驶着一辆汽车沿着澳大利亚新南威尔士州猎人谷东梅特兰岛的雷蒙德特雷斯路飞驰。[12] 由于司机缺乏经验，汽车在一个转弯处失去控制，冲向了路旁的树林。17岁的阿兰娜·博伊德和14岁的斯蒂芬妮·德雷恩不幸身亡,其中阿兰娜因肢体损伤过于严重,只能凭借一处文身确认身份。而这两位女孩只是澳大利亚当年在交通事故中去世的1 277人中的一对普通罹难者。

交通事故之所以会发生在驾车兜风的青少年身上,是因为他们把一时的快感看得比明天的生命更重要。在没有驾照的情况下,把车开到时速150公里可能很刺激,但很难想象人们会用自己的长期利益去换取这种刺激。对其他人而言,造成交通事故可能是因为他们非常赶时间。一名典型的悉尼居民,每年要在上下班的路上花费340小时,也就是整整14天。[13] 所以,如果他们实在想要抢红灯或者略微超速也不难理解。

和吸烟问题一样,社会也找到了解决危险驾驶的时间偏好不一致问题的方法:从1972年开始,汽车安全带就在澳大利亚强制普及;从1976年开始,澳大利亚警察会在道路上进行随机酒精测试;1985年,警方开始使用雷达测速仪;20世纪90年代末期,澳大利亚居住区道路的最高限速从60公里/小时降到了50公里/小时;超速罚款几乎每十年翻一倍;车辆也变得更加安全,车载安全气囊从20世纪80年代的奢侈品变成了今天的汽车标配。[14]

经济学家发现,人们会随着安全性的变化改变自己的行为。例如,一项著名的研究显示,自从安全带普及后,美国司机反而不那么注重安全驾驶了。这就是著名的"佩兹曼效应"(Peltzman Effect)。一些领域的法律法规的变化也会影响人们的健康状况。例如,一项经济学研究发现,规定人们骑车时必须戴头盔的法律出台后,器官移植的供应量出现了下降。[15]

经济学家最大的爱好就是找出某项法律变动造成的意外影响。但即使把所有意外影响都纳入考量,这一点仍相当明显:更严格的交通

法规和更安全的车辆可以减少交通事故。如今，澳大利亚在交通事故中丧生的人数仅为1970年的33%，虽然今天澳大利亚的人口规模更庞大，车辆也更多。1970年，每1 250辆汽车会出现一起致命性车祸，而今天，这一比率下降到了万分之一。[16]

但是随着公路收费的减少，我们仍然面临着一些挑战。其中之一就是，人们的偏好正加速转向大型四轮驱动车，也就是名声日躁的运动型多功能汽车（简称SUV）。1980年，每卖出50辆车里只有一辆SUV；而现在，每卖出三辆新车中就有一辆SUV。[17]这是新车队伍中的一个巨大变化，对此，经济学可以给出一个简单的解释。

为研究蕴藏在SUV购买量中的经济学，我们先要把目光转向交通事故的统计数据上。[18]假设某人发生了交通意外，如果他开的是SUV，那么他的死亡率或重伤送医率将是2.7%；如果他开的是中型轿车，这一可能性将上升到3.6%。SUV的防撞性更强，换句话说，开SUV上路会让你稍微安全一些。

然而，问题在于，对于SUV外面的人来说，情况就完全不一样了。被SUV撞击的行人，有5.1%的几率被送往医院或火葬场；而对被中型汽车撞击的行人来说，这一几率就只有3%。SUV的防撞性或许更强，但它对其他汽车、自行车或行人的威胁性也更大。所以，如果发生了交通事故，SUV可以把司机的死伤率降低0.9%，但同时却把将其他人送进太平间的概率提升了2.1%。**所以在交通事故中，SUV每救一个人，就会额外造成两个人的死亡。**

这就是经济学家所谓的"外部性"（Externality），即你对别人产生的你不用负责的影响。外部性可以是正面的，也可以是负面的，在SUV的案例中，其外部性明显是负面的。正面的外部性的例子是，公共财政支持的医疗制度会把医疗成本分摊到每位纳税人的头上，在一些国家，交通事故中不追究过失责任或部分不追究过失责任的赔偿金会分摊到每位参保司机头上。加州大学圣迭戈分校的经济学家米歇尔·怀特研究了这一课题，她把美国车辆尺寸越来越大的现象称为"美国马路上的军备竞赛"。[19]

回到时间偏好不一致的问题上，肥胖可以说是其中最突出的主题。虽然澳大利亚的吸烟人数和交通死亡人数在下降，但人们的腰围却在暴长。最常用的超重评估标准被称为"身体质量指数"（Body Mass Index，简称BMI），即体重公斤数除以身高米数的平方得出的数字。BMI指数的发明者为比利时科学家阿道夫·凯特勒，它把人们分为四个类别：过轻（BMI低于18.5）、正常（BMI在18.5到25之间）、超重（BMI在25到30之间）和肥胖（BMI大于30）。本章开始时提到的米奇·罗宾斯瘦下来之前，他的BMI指数超过了40，即所谓的"病态肥胖"。

所有私人健身教练都会告诉你，BMI指数并非完美的衡量标准，因为它并不区分肥肉和肌肉。BMI指数会把全盛期的施瓦辛格划入"肥胖"区间。即便如此，BMI指数仍然可以帮助我们比较跨年代的体重趋势。1980年，只有33%的澳大利亚人超重或者肥胖。今天，这一数值接近67%。20世纪90年代的某个时期，澳大利亚人的"正常体重"超越了BMI指数的正常体重范围。现在，超重才是"正常体重"。据最近的研究，2%的澳大利亚人体重过轻，35%的澳大利亚人体重正常，35%的澳大利亚人超重，28%的澳大利亚人体态肥胖。30年来，

澳大利亚人的肥胖比率翻了3倍。考虑到年龄因素,澳大利亚人的平均体重几乎以每10年1公斤的速度在增长。[20]今天一位典型的40岁澳大利亚人,比1984年的一位典型的40岁澳大利亚人重3公斤。

为什么我们越来越胖?虽然澳大利亚人没有对此进行明确的研究,但美国的一项针对腰围的经济学研究得出了两个明显的模型。从第二次世界大战结束到1970年左右,一个正常人每天的身体能耗呈下降趋势。走路或骑自行车去上班的人越来越少,坐在办公室里工作的人越来越多,从事农业或手工业的人口百分比逐年下降。但这一解释的效力只截至1970年,因为从1970年之后,我们的身体每天消耗的能量就基本维持在一个稳定的水平。[21]

但1970年之后还是出现了一个巨大变化——我们的食量开始增长。营养学家建议,我们应该根据自己的能量需求养成健康的饮食习惯,女性每天需要摄入的能量大约为9 000千焦,男性每天需要摄入的能量大约为11 000千焦。(但实际上每个人的能量需求会随着年龄、身高和活跃程度改变。)食物日志显示,我们实际消耗的食物在缓慢增长。每10年,我们的日均能量摄入将增长300千焦。[22]这相当于每10年,我们就往自己的每日饮食中增加一杯脱脂卡布奇诺咖啡。

这一代澳大利亚人腰围的增长的首要原因,并不是我们运动量太少,而是因为我们在饮食中摄入了过多的能量(尤其是大量的碳水化合物)。[23]套用一句经济学术语:问题出在投入而非产出上。

之所以会这样,部分原因在于,高热量的食物通常更加美味、便宜,而且比以前获取更方便。过去几十年,一系列让人眼花缭乱的食品技术创新,大大缩减了我们从产生食欲到开始往嘴里塞零食的时间。例如,用二氧化碳或氮气对某些零食进行充气包装,可以极大减缓食品的氧化速度,并抑制细菌滋生。[24]其他食品行业技术,包括保鲜膜的出现，食品工艺、风味的进步以及微波炉的普及，导致奶油蛋糕这类曾经只有顶级糕点师才能制作的高端食品，价格骤降到区区几澳元。另外，自动售货机也能出售新鲜美味的饼干了。

以上种种，直接促进了我们食量的增长，并改变了我们的进食时间。来自美国的食品日志显示，虽然我们晚餐摄入的能量下降了，但早餐和午餐摄入的能量却增加了。此外，我们吃零食摄入的能量几乎翻了一倍。[25]自动售货机极大地方便了人们的生活，但同时也引诱我们犯下"今天一时爽，明天悔断肠"的错误。如果10米外就有一台自动售货机，那么即使你正在节食，也可能去买个小点心作为下午茶。但假如你必须走10分钟到街角的商店才能买到零食，这顿点心估计就省了。

很多发达国家为了降低人口肥胖率，都对食品新技术的使用进行了相关限制。但看起来，澳大利亚人民并不打算回到没有微波炉、自动售货机和美味零食的年代。这意味着，肥胖将成为一个严峻的个人问题。根据最近的调查显示，超过半数的澳大利亚人正在尝试减肥。[26]虽然运动也很重要，但一个简单的事实是，成功的瘦身更可能来自于减少输入，而非增大输出。（例如，吃一根士力架巧克力棒或许只要几分钟，但要把它消耗掉，你至少需要散步一个小时。）那么，经济学会给我们一些什么样的减肥建议呢？[27]

首先，行为经济学对人们如何消耗食物的研究会给我们带来一些启示。通过一系列的实验，研究者发现，更大的盘子、碗甚至食品柜，都会增大我们的食量。这正好与澳大利亚的一句俗语不谋而合：眼睛比胃更贪婪。

另外，我们在心烦意乱时，也往往会化悲愤为食欲。一般而言，我们在进食之后的几个小时内食欲会下降；但如果我们正在看电视，

那么不管餐前餐后，我们都会吃一样多的零食。在一项综合了以上所有发现的实验中，研究者们把一些存放了 14 天的爆米花装在不同规格的爆米花桶中分给费城的电影观众。结果，拿大桶爆米花的观众，比其他人多吃下了 38% 的过期爆米花。[28] 类似地，那些宣称自己根据外部信息（我的盘子空了）而非内部信息（我饱了）停止进食的人更有可能超重。

根据以上规律，一个经济学家小组进行了另一项实验，他们把 10 条减肥策略，随机分配给来自某减肥网站的实验参与者。其中最成功的两条减肥策略与行为经济学带给我们的启示不谋而合：坚持用小盘子（直径小于 25 厘米）进食的实验参与者，在一个月内平均减掉了 0.9 公斤体重；贯彻吃饭时禁止看电视策略的实验参与者，在一个月内平均减掉了 0.7 公斤体重；吃零食前先吃水果的实验参与者，则在一个月内减掉了 0.5 公斤体重。被要求"想吃零食的时候就去刷牙"或"早餐吃燕麦粥"的实验参与者，体重没有出现明显下降。[29]

关于减肥的终极经济学建议是：减肥并非生活的全部。如果在食物问题上纠结过多，你就没时间考虑其他事情了。（作家纳塔莉·库茨在辩解自己为什么放弃减肥时说，她没法忍受自己总是要拿 70% 的脑子来考虑吃什么。）[30]

有一段时间，我的一位练健美的朋友为了参加比赛，每天只吃蛋白质奶昔和瘦肉，完全不摄入碳水化合物。他告诉我："虽然我很快瘦了下来，但整个过程中，我几乎无法将精力集中在任何事情上。"提倡复合饮食（Complex Diets）的人经常忘记时间其实是稀缺资源，花时间关注自己的每一口食物，意味着基本腾不出时间做其他事情。对经济学家而言，万事万物皆是一种权衡选择。简单的饮食，或许更容易坚持下来。

最后一个时间偏好不一致问题是睡眠问题。一项关于澳大利亚人的时间安排的调查指出，正常情况下，澳大利亚人每天的睡眠时间约为 8 小时，但实际上 20% 的人每天睡眠不足 6.5 小时。[31] 某些行业更会让人累到筋疲力尽。一位年轻的律师如果遇到一桩大案，可能在一个月中要花 270 小时为客户服务，她的工作强度几乎是那些朝九晚五、中间可以休息吃午餐的人的两倍。调查报告上说，每隔几天，她的搭档就要帮她带一套干净的衣服到办公室，而她每天晚上只能稍微睡几个小时而已。[32]

传统的经济学认为，人们愿意为了高薪而放弃部分睡眠时间。[33] 加班的时薪越高，人们就越有可能晚睡早起。这就解释了为什么富人的睡眠时间比穷人少，以及为什么过去一个世纪中，人们的平均睡眠时间出现了下降。此外，由于人们的工资会随着年龄的增加而上涨，所以这可能导致 25 岁的年轻人比 45 岁的中年人睡得要多（儿童睡得更多或许也是这个原因）。确实，睡眠和商业周期呈负相关。如果悉尼的金融中心马丁广场和柯林斯街出现了更多的黑眼圈，这可能表明澳大利亚的经济正在迅猛发展。

有明确的医学证据表明，睡眠不足会影响健康。从生理学上来说，睡眠可以让人体组织进行自我修复，并恢复体内激素水平。很多健康问题都证明和睡眠不足有关，包括心脏病、糖尿病和体重增长。在一项实验中，组织者给所有病人都打了疫苗，其中一组病人在当晚彻夜不眠，另一组病人则可以睡个好觉。[34] 一个月后，睡眠不足的病人的免疫力只有睡眠充足的病人的一半。**少睡觉的确可以让你每天多出一**

些活动时间，但或许，你要为此少活几年。

为了测试睡眠不足对生产力的影响，有研究者做了一系列有趣的新实验。实验要求志愿者在实验室内30－40个小时不睡觉（模拟正常人熬夜的情景），然后让他们和睡眠充足的人一起完成一些测验。测验结果显示，睡眠不足者对他人的信任度更低；在另一项认知测试中，睡眠不足者的得分只有睡眠充足者的一半；对睡眠不足者和睡眠充足者的大脑扫描显示，睡眠不足会让人的行为更缺乏理性，且情绪波动更大。此证据佐证了前述实验结果。在道路安全调查中，一名卡车司机讲述了长时间工作让他产生幻觉的故事："我会看到路旁的树木都变成了机械……还有一次，我在格拉夫顿的高速公路上停了下来，避让前面一辆正在掉头的不存在的卡车。后面车辆的司机纷纷通过无线电问我为什么不走了。"[35]

实际上，猜忌他人、脑子不清醒、过于情绪化的员工，对公司的正常运转十分不利。很多商业活动都要求人们清楚知道自己应该相信谁，并小心权衡各方优劣。然而在睡眠不足的情况下，你或许会忽略掉重要的细节，并且凭借直觉而非谨慎的推理做出重大决定。

公司里因睡眠不足而脾气暴躁的老板，更可能让下属心生倦怠或萌生去意。马路上，睡眠不足的司机和酒驾司机的制动反应时间同样长，且20%的交通事故都由睡眠不足的司机造成。[36]另外，意料之中的是，一些如切尔诺贝利核泄漏、"挑战者"号航天飞机爆炸以及阿拉斯加港湾漏油事件等重大灾难，都和睡眠不足有关。在一些只能按最慢成员的速度前进的团队中，打瞌睡的员工会把决策程序拖入泥沼。

充足的睡眠既符合你的利益，也符合你老板的利益。但是如本章探讨的其他时间偏好不一致的问题一样，人们在睡眠问题上也容易为了一时的愉悦而忽略明天的后果。到了晚上11：00，你明知道如果再看1小时的肥皂剧会让你在第二天下午一边打哈欠一边泡浓咖啡,但有时候你就是忍不住为了今天的快乐而牺牲明天。

对此,"睡眠专家"建议大家制定睡眠时间表,晚上避免喝咖啡以及酗酒。除此以外,我也有些自己的心得,我发现自己必须提高熬夜的成本,例如将熬夜的后果可视化,让我在第二天遭受痛苦的折磨。同时,我发现减少熬夜的乐趣也有助于早睡,比如关掉电脑和手机。这样,我在经过"成本-收益"计算后,十有八九会选择趿着拖鞋滚回房间睡觉。

下面谈一谈健康问题。有一篇著名的经济学论文研究的就是这一命题:在过去几十年中,预期寿命和收入哪一项对社会福利的影响更大?研究者发现,在某些时期,预期寿命的影响力要高于收入的增加。我们可以自己做一个思维实验:从1970年开始,澳大利亚人的预期寿命从72岁增长到了82岁,同时澳大利亚人的人均收入——折算为今天的澳元价值——从3万澳元增长到了6万澳元。[37]

如果在寿命与收入中你只能二选其一,你会怎样抉择?是选择平均寿命回到72岁,还是人均收入回到3万澳元?我问了很多人这个问题,无论对方有没有学过经济学,都没有人愿意拿10年寿命换取余生的收入翻番。选择增加收入,或许能让你的生活更富裕,但幸福感会下降。例如,过去25年中,由于癌症死亡率的下降,澳大利亚每年至少挽救了7 000条生命。[38]相比变得更富裕,我宁愿要这个结果。

健康经济学提醒我们,经济学不仅关乎钱。我们的健康越来越取

决于我们在生活中所做的选择。而大多数日常生活中的决策,都可以归结到行为经济学中的时间偏好不一致的问题上。我们要如何抵制香烟的诱惑,以换取未来更健康的肺功能?我们怎样才能抵制超速驾驶的欲望?我们能在早晨忍住不吃美味的苏格兰松饼吗?是什么让按时睡觉那么困难?

时间偏好不一致的问题是每个普通人生活中都会遇到的难题,我也不例外。我年轻的时候虽然不吸烟,但喜欢开快车,而直到最近,我还是经常熬夜。如果有幸凭借这副肥硕而孱弱的身躯安度此生,大概只能归功于我的优秀基因了。和大多数人一样,我也挣扎在同样的行为经济学问题当中:如何在今天忍住不做会让自己明天后悔的事情。

第3章

GDP越繁荣，心脏病发作率越高？

谁是全澳大利亚最佳击球手？

哪支球队的效率冠绝澳大利亚橄榄球联赛（AFL）？

为什么优秀的足球运动员大多出生在8月？

澳大利亚全国榄球联盟起源洲赛中

隐藏着怎样的经济学原理？

从板球队退役后不久，击球手里基·庞廷以教练的身份加入了朗塞斯顿市莫布雷郊区的一个板球俱乐部。庞廷指挥的这支球队，在国际单日赛和国际板球锦标赛上的得分比任何澳洲板球队都要高。随后，也就是他刚退役数月时，庞廷又亲自上阵带领莫布雷板球俱乐部打了一场比赛，数百名"粉丝"涌到球场边观看了比赛，他们希望能和自己的偶像合影，或得到一张亲笔签名。

通过为一家板球俱乐部效力而返回赛场，庞廷让人们回忆起发生在他身上的板球悲剧。8岁那年，庞廷曾偷偷进入莫布雷板球俱乐部的更衣室，当时球员们都在场上比赛，庞廷试了试他们留在更衣室的板球装备。20岁时，当庞廷第一次拿到球队的绿色帽子，他迫不及待地将脸埋进去，使劲嗅着。一位板球评论员评论庞廷说："他爱极了这些球板、手套、球鞋以及球队的故事和文化。他沉浸其中，如痴如醉。"[1]

澳大利亚体育记者马尔科姆·诺克斯曾这样描述庞廷："他是一个爱和投球手对垒的侵略者，平衡能力极佳，他强劲的击球能把球打到球场的任何一个角落。"另一位著名的澳洲体育记者吉迪恩·黑格说：

"庞廷充满活力，很有侵略性，甚至有时候有些好斗。他是澳大利亚板球队的试金石，他就是成功的代名词。"[2]

庞廷非常出色，但就如迈克尔·克拉克的提问一样："他是继唐·布拉德曼之后，澳大利亚板球史上第二伟大的运动员吗？"为了检验这一点，我们需要先定义什么是成功。澳大利亚格里菲斯大学经济学家尼古拉斯·罗德对伟大的板球运动员做了一次分析，他认为板球运动员的成功表现在两个方面：打击率和职业生涯总得分。罗德指出，如果打击率是唯一的衡量标准，那么史上最佳板球运动员应该是西印度群岛的安迪·冈托姆，他的板球打击率为112，远高于唐·布拉德曼的99.94。然而，一个更合理的指数应该能反映真实的成绩：冈托姆的职业生涯总得分仅为112分，而唐·布拉德曼为6 996分。所以，罗德决定把打击率和职业生涯总得分这两项指标作为衡量球员场上表现的标准。[3]

下面这个表格展示了罗德对最佳板球运动员的"经济学排名"，数据取自1870 — 2013年的各大板球赛事。在这项分析中，庞廷是史上第九伟大的板球运动员，是排在唐·布拉德曼、艾伦·博德之后的澳大利亚第三伟大板球运动员。如果排名仅粗糙地统计得分，庞廷的排名还会有大幅下降，例如排到英国板球选手肯·巴林顿和沃利·哈蒙德之后。庞廷的职业生涯贡献帮助他进入了前十，但他最后两年打击率的下滑将名次从第七拉到了第九。（见表3.1）

小说家哈里·克鲁斯说过："体育运动就是尽可能地接近世界上可能存在的所谓真相"。[4]秉持同样的精神，体育经济学就是要尽可能接近经济上的真相。罗德的排名系统发现，每支球队选择击球手时，都存在一个机会成本，即选择一名击球手，就会失去另一个击球手，与在商业中究竟投资这个市场还是那个市场的选择一样。以体育经济

表 3.1　最佳板球运动员经济学排名（1870－2013 年）

	运动员	国籍	总得分	打击率
1	唐·布拉德曼	澳大利亚	6 996	99.94
2	萨钦·坦都卡	印度	15 921	53.78
3	雅克·卡利斯	南非*	13 140	55.44
4	布赖恩·拉腊	西印度群岛	11 953	52.88
5	加菲尔德·索伯斯	西印度群岛	8 032	57.78
6	艾伦·博德	澳大利亚	11 174	50.56
7	拉胡尔·德拉维德	印度	13 288	52.31
8	森尼尔·加瓦斯卡	印度	10 122	51.12
9	里基·庞廷	澳大利亚	13 378	51.85
10	史蒂夫·沃	澳大利亚	10 927	51.06

* 注：统计数据截至 2013 年 11 月 24 日。

　　学的视角研究板球可以发现，每位球员为球队带来的利益，必须和与其身价接近的落选球员可能带来的利益相比较。

　　最近数十年，体育经济学从经济学的边缘地带来到了中心位置。原因很简单：研究竞技体育可以得到关于人类行为基本原理的深刻见解。本章，我将考察运气与谁能上场比赛，或谁将获得冠军之间的关系，以及观众规模和资金将如何影响比赛的结果。我会分析"竞争平衡"的概念，并找出澳大利亚最具竞争力的运动项目。但在此之前，让我先解答这样一个问题：球场暴力事件都去哪儿了？

　　2013 年，澳大利亚全国橄榄球联盟起源洲赛（Rugby League State of Origin，澳洲国家橄榄球联盟一年一度的群星赛，共 15 支球队参加。——译者注）进行得如火如荼，然而在第二场比赛的第 54 分钟，场上发生了一场混战。[5] 因不满乔纳森·瑟斯顿对队友保罗·高伦的强力拦截，昆士兰州队球员布伦特·泰特推了乔纳森·瑟斯顿一把，然后新南威尔士州队的球员特伦特·梅林给了泰特一拳，昆士兰州队球员贾斯廷·霍奇斯从后面袭击了梅林，接着新南威尔士州队的格雷格·伯德也加入了混战。该事件最令人惊讶的并非爆发了打架冲突，而是这次冲突竟如此温和。当时被驱逐离场的四名球员中，有两名宣称自己没有动拳头。

对有一定资历的联赛球迷来说，这场冲突和过去相比简直是小打小闹。[6]1983年，新南威尔士州队的球员莱斯·博伊德一肘子打在了达里尔·布罗曼的下巴上，那天是布罗曼第一次为昆士兰州队出场比赛。布罗曼当即倒地，身体开始抽搐。1984年，起源洲赛第二场的开幕仪式上演了全武行（当时开幕仪式的烟花还在上空飘扬）。1988赛季的第二场比赛中，布里斯班体育场的一次群殴，让裁判罚下了昆士兰州队队长沃利·刘易斯。1991年，昆士兰州队球员马克·盖耶在上下半场各打了一场架。

2013年，联盟决定严惩打架事件。联盟宣布，无论何种情况下，任何球员只要拳击对手，都将被驱逐到受罚席坐10分钟。这种"强硬态度"的效果如何呢？答案是，随着比赛中的打架成本提升，澳洲国家橄榄球联盟的官员发现球场暴力事件的"供给"减少了。由于球队在球员身上的投入增多，球员受伤或受罚暂停比赛的成本也急剧攀升。同时，退役球员对球队发起诉讼的几率也在上升：最近，美国国家橄榄球联盟同意向4 500名退役球员支付7.65亿美元，作为对他们因为比赛冲撞而落下的职业病的补偿，相信类似的诉讼几乎肯定会在澳大利亚出现。另外，美式橄榄球在新南威尔士州和昆士兰州的崛起，对英式橄榄球在澳大利亚的地位形成了威胁：如果电视上出现了父母不想让孩子看到的暴力镜头，他们就会将电视转到播放另一种橄榄球比赛的频道。[7]种种激励的结果就是：球场暴力事件减少了。

某种意义上讲,今天玩英式橄榄球的年轻人很幸运,因为相比20世纪80年代,他在赛场上挨拳头的几率要小很多。但这仅是运气影响球员职业生涯的众多方式之一。一项对板球运动员表现的研究比较了球员职业生涯的两种开端:第一种球员的首秀是在主场进行,另一种则是在海外客场上演。⁸ 对于击球手而言,首秀在哪里上演完全随机,因为任何人都不会放过任何可以上场比赛的机会。然而,他们面临的挑战非常不同。举个例子,一名预期自己会在印度某地上演首秀的印度击球手,可能会对澳大利亚有弹性的球门毫无准备。初次登场时,在主场比赛的击球手的得分会比在客场的得分高33%,且这种差距将持续下去。如果他没有中断职业生涯,那么他整个生涯的得分将比在海外客场完成首秀的击球手高22%。

伟大的击球手唐·布拉德曼在职业生涯中多次被幸运之神关照,也多次遭遇坏运气。幸运的是,他首次上场比赛是在澳大利亚,也就是说他得以在主场面对自己的英格兰对手;而不幸的是,由道格拉斯·贾丁率领的英格兰板球队,针对澳大利亚强大的击球能力发明了"快速投球战术",即对准靠近右门柱的击球手的身体投球。1932－1933年赛季,澳大利亚球员伯特·奥德菲尔德的头盖骨被一次快速投球击中,颅骨骨折;澳大利亚队长比尔·伍德福被一记上升球击中心脏下方,被疼痛折磨得倒地几分钟。后来,当一名英格兰板球队经理人向他道歉后,伍德福发表了他著名的声明:"场上有两支球队,一支在好好打板球,另一支则根本不这么想。"

短期来看,布拉德曼需要应对"快速投球",这是坏运气。

1932—1933年赛季的第二场对抗赛，布拉德曼在第一球就出局了。但在长期来看，"快速投球"也带给了布拉德曼一些好处。就如一本布拉德曼的传记写的那样："对手为了他而精心策划、训练并在比赛中执行了'快速投球'战术，随着时间的推移，这让布拉德曼的技术突飞猛进。"从根本上而言，布拉德曼不得不面对"快速投球"战术或许是幸运的，因为这让他成为了一名更棒的击球手（或许你会怀疑米切尔·约翰逊是否无意中造就了下一位英国的布拉德曼）。同样，不幸的是，当布莱德曼正处于巅峰时期时，第二次世界大战爆发，战争中断了四届国际板球锦标赛。一名经济学家估计，如果没有战争，布拉德曼的击球率可以达到100.74。[9]

人们都倾向于低估运气的重要性而高估技能的重要性。一项对足球运动员的经济研究考察了体育记者对那些射中门柱的球员的排名状况。[10]设想如果你可以像电影《黑客帝国》里那样，在足球击中门柱的时候冻结比赛，球会弹出界的情况大约占到80%，只有20%的时候，球会弹入网内。你或许会认为，射中门柱的球员在能力上都是差不多的，不是吗？**但是体育记者在评估这些球员的时候，普遍认为进球的比弹出界的更有才华。然而实际上，有的球员并不比他的队友出色，他们只是更幸运而已。**

在体育界，最幸运的事情或许是你出生在一个正确的月份。为理解这一点，请想象两名球员，奥利维亚和埃米丽，她们都从小学开始踢足球。奥利维亚7月出生，埃米丽8月出生。因为计算足球运动员的年龄时，"一岁"的截止日是8月1日，所以奥利维亚将作为8岁组最小的球员开始踢球，而埃米丽则是7岁组中最大的球员。

因为年龄关系，奥利维亚不得不努力追赶比她大的孩子们，而埃米丽则是球场上最强大的女孩之一。作为球队里的小人物，奥利维亚

有时会让队友失望。相反,埃米丽经常可以得到球,并在年终成为队内最佳射手。教练们当然是尽最大努力培养这些女孩,但他们喜欢胜利,所以赛后总结时会经常夸赞埃米丽有天分。于是,在她们双双小学毕业后,奥利维亚或许会放弃足球改练钢琴,而埃米丽则可能成为初中校队队长。

这听起来有点牵强附会?我们来看看数据吧。在第一部分数据中,我从4个角度研究了澳大利亚人的出生月份。首先,我将澳大利亚"80后"们的出生月份分别归类(见图3.1)。其中在2月出生的人最少,只有7.9%,因为2月最短;人数最多的是3月,比例是8.8%。我们可以看出,它们的差距实际上非常小。

然后,我选择了三种不同的运动项目:板球、英式橄榄球和足球。针对每种运动,我都列出了运动员的出生月份分布,并绘出适用于大多数球员的年龄截止日。

板球球员的数据样本取自参与谢菲尔德盾板球赛的所有球员(包括澳大利亚的所有板球队员和被挤出排名的队员)。英式橄榄球数据样本取自最顶级的运动员。足球数据样本取自澳洲女足国家队和男足国家队。[11]

板球、英式橄榄球和足球队员的分布图中,最明显的特征是,在截止日右侧都出现了数据高峰。[12](见图3.1到图3.4)这表明在进行按年龄分级的比赛中,球队都有很多比同龄球员更年长的球员。在板球运动中,运动员生日最多的月份是11月,即年龄截止日后的第三个月;而橄榄球和足球项目中的精英运动员,生日最集中的月份就是年龄截止日后的那个月。1月出生的男孩进入顶级橄榄球联赛的几率,是12月出生的男孩的两倍;8月出生的男孩为澳大利亚足球队效力的概率是7月出生的男孩的两倍。

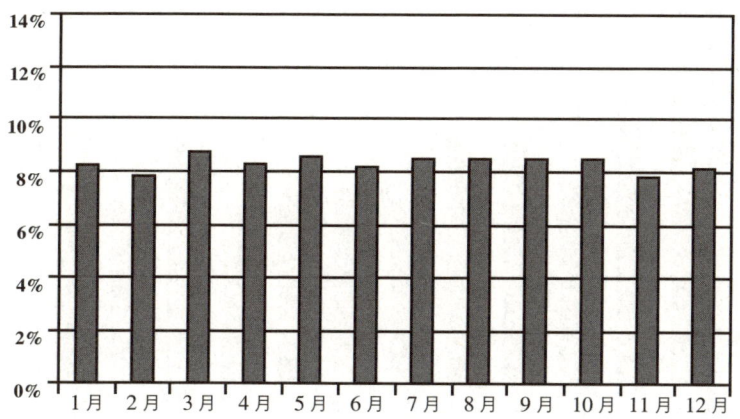

图 3.1　全部人口

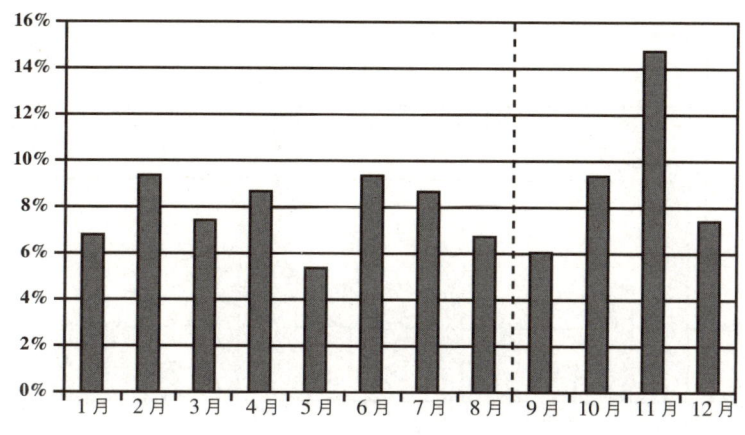

图 3.2　板　球

进一步的证据来自年龄截止日的变动。直到 20 世纪 80 年代，澳大利亚青少年球员的年龄截止日都是每年的 1 月 1 日。如果你考察那个时候顶级球员的生日分布，就会发现运动员生日最集中的月份就是一年的前几个月。[13] 但是，年龄截止日变化后，顶级足球运动员的生日

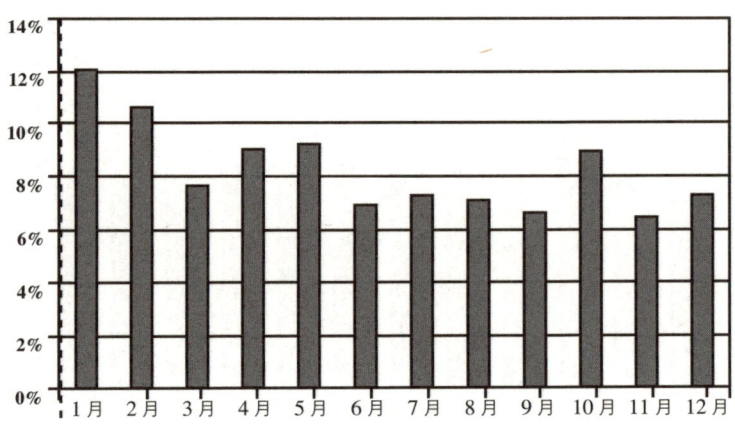

图 3.3　英式橄榄球

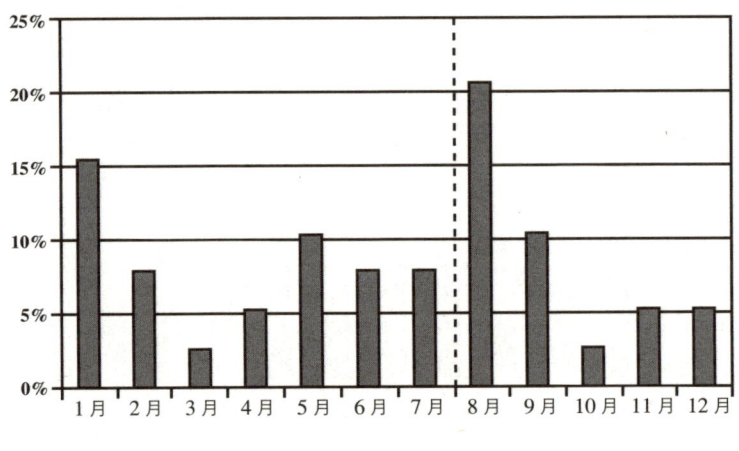

图 3.4　足　球

分布也随之改变了。所以，如果年龄截止日没变，那么现在澳大利亚女子足球队和澳大利亚男子足球队所有球员生日最集中的月份很可能依然是 1 月，而 8 月出生的球员将大大减少。

运气对体育运动的影响告诉我们，好运气或坏运气会影响所有人的职业生涯。经济学模型在尝试解释人口统计资料中的收入差距时，最终仅能解释其中 10% 的差距。也就是说，剩下 90% 的收入差距，很大程度上是运气使然。

如果我告诉你，在体育运动中钱并不重要，你一定不会相信。有钱的球队可以买入更出色的球员（这取决于工资帽，如果有这个限制的话），雇用更优秀的教练，并招徕物理治疗师、按摩师甚至统计学之类的专家。为了考察资金对球队成绩的影响，我们把目光转向澳大利亚橄榄球联赛（AFL）。在图 3.5 中，我统计了每支澳式橄榄球俱乐部的运营费用（包括球员薪水和其他开支）。我加总了每支球队 2008 — 2012 年的 5 年总开支，然后把这些数据和每支球队在相同时间段内赢得比赛的数目相比较。（黄金海岸悍将俱乐部和西悉尼巨人俱乐部没有统计在内，因为它们没有打满 5 年比赛。）图中的直线代表资金投入和胜利的平均关系。

你注意到的第一件事是，球队的资金投入和胜场数呈明显的正相关关系。2008 — 2012 年，有 7 支球队的资金投入没有超过 9 000 万澳元，它们是：西部斗牛犬俱乐部、北墨尔本俱乐部、里士满俱乐部、阿德莱德港俱乐部、墨尔本俱乐部、阿德莱德俱乐部和布里斯班俱乐部。它们在 5 年中获取的胜场都没有超过 60 场，在单赛季 22 场比赛中，它们的平均胜场没有超过 12 场。

天平的另一端，投入资金最多的是哥宁伍俱乐部，它 5 年中总共投入 1.03 亿澳元，在联赛中获取了总计 80 场胜利。平均而言，

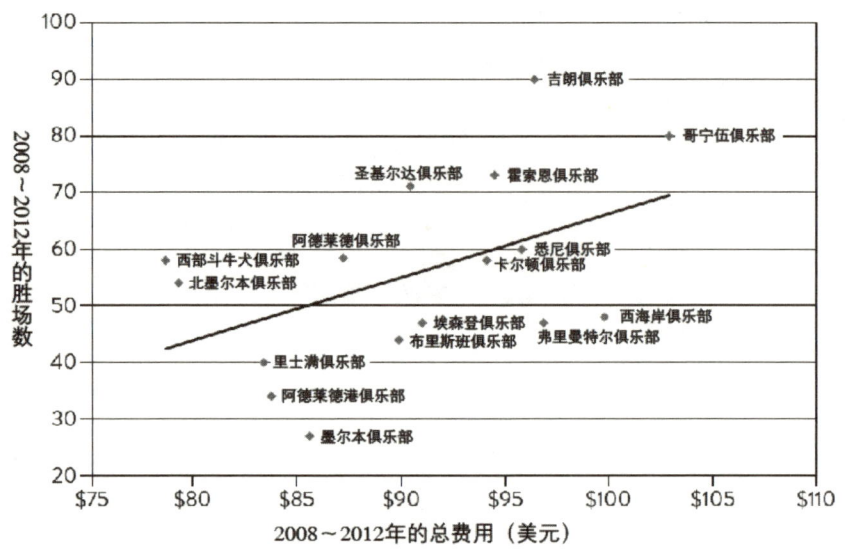

图 3.5　AFL 俱乐部的资金投入和胜场数

每额外投入 110 万澳元，球队可多获得一场胜利。[14]

但是，你注意到的第二件事情是，像悉尼俱乐部和卡尔顿俱乐部等球队，它们分布在直线的周围，其他球队则离直线较远。资金可以解释不同球队 20% 的差别，但剩下 80% 则需要用其他因素解释。吉朗俱乐部和弗里曼特尔俱乐部都花费了大约 6 200 万澳元，但吉朗俱乐部赢了 90 场，弗里曼特尔俱乐部只赢了 47 场。圣基尔达俱乐部和埃森登俱乐部的花费大约都是 9 000 万澳元，但圣基尔达俱乐部赢了 71 场，埃森登俱乐部赢了 47 场。

相较各自投入资金的数目，AFL 中最出色的球队是吉朗俱乐部，它的胜场比投入同等资金球队的平均胜场高出 28 场；其次是圣基尔达俱乐部和西部斗牛犬俱乐部，它们的胜场比投入同等资金球队的平均胜场高出 16 场；表现最差的是弗里曼特尔俱乐部，它比投入同等资金球队的平均胜场少16场,接下来是少赢18场的西海岸俱乐部和少赢23场的墨尔本俱乐部。经济学家喜欢谈论"生产力",即你的投入得到了多少产出。如果你能每小时缝20颗衬衣纽扣,而我只能缝10颗,那么你的生产力就是我的两倍。从这个角度看,AFL中生产力最高的球队是吉朗俱乐部,巧合的是它在这5年内两次夺得联赛冠军;生产力最差的是墨尔本俱乐部,它在5年中两次垫底。从某种程度上讲,吉朗俱乐部的成功,或许要归功于注重数据统计的球员招募者斯蒂芬·韦尔斯,他擅长在不同寻常的地方发现天才。例如马克·布里卡维斯,他在2012年被吉朗俱乐部选中前,只是一名默默无闻的800米中长跑运动员;还有詹姆斯·波塞德利,他在2010年作为超龄新秀被吉朗俱乐部选中。[15]

另外一个受到金钱影响的领域是奥林匹克运动会。[16] 在图3.6中,我展示了各国国民收入和该国在2012年伦敦奥运会上获得的奖牌数量之间的关系。奖牌总榜的前两名是当今世界上最大的两个经济体,美国获得了104枚奖牌,中国获得了88枚奖牌。另一边则是190多个国民收入低于1.5万亿美元的国家。[17] 它们获得的奥运会奖牌均不到40枚。

资金对奥运会产出的影响显而易见。GDP每增长1.25亿美元,一个国家就能多获得一枚奖牌。[18] 为了方便理解,我想指出的是,1.25亿澳元相当于澳大利亚从2008年金融危机到2012年奥运会时所经历的经济增长。而在这期间,英国的经济没有增长。如果澳大利亚的经济也停滞不前,那么我们在2012年奥运会上很可能会少获得一枚奖牌。但无论经济增长与否,从图3.6可以清晰地看到,澳大利亚的实际表现明显优于基于自身经济状况所做的预测。一个经济规模和澳大利亚相当的国家,平均能获得16枚奖牌,但澳大利亚实际获得了35枚。

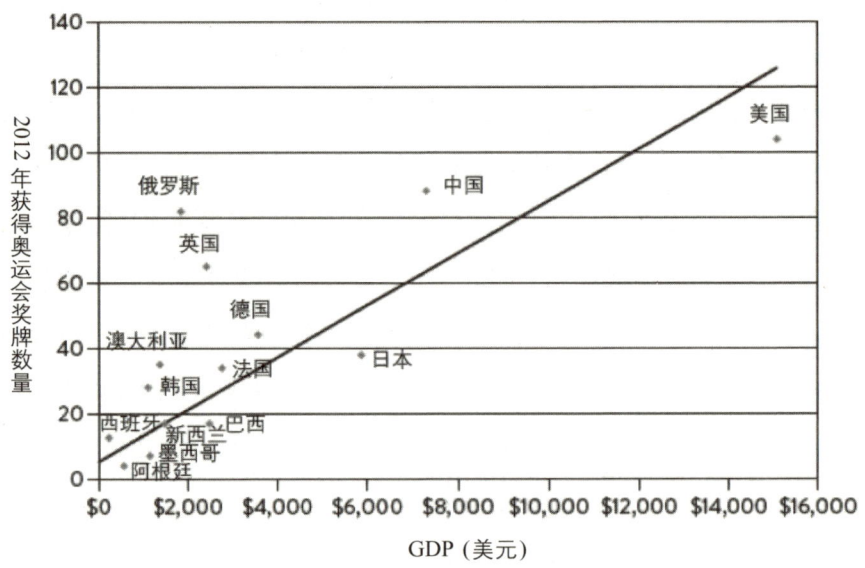

图 3.6　GDP 和奥运会奖牌数量

在 AFL 的案例中，我考察的是每家俱乐部在体育方面的实际支出数据，而在奥运奖牌数的案例里，我比较的是国民收入，所以实际上，我忽略了每个国家的体育投资在其国民收入中的不同占比。AFL 案例中，资金可以解释各支球队在成绩方面 20% 的差距；而在对奥运会的分析中，国民收入要为各国奖牌数量中 67% 的差异负责。部分原因在于，更富裕的国家通常更加幅员辽阔、人口更多（他们可以从更庞大的人口基数中甄选出更多的人才）；另一部分原因在于，为了保证各球队间的成绩不会差距太大，AFL 会采用类似工资帽之类的平衡性政策，而国际奥委会并不打算也不需要平衡各国的成绩。[19]

确实，国际比赛中的竞争显然不那么激烈。如表 3.2 所示，如果澳大利亚和英格兰在板球场上势均力敌，那么从 1882－2013 年举办的 67 次灰烬杯（Ashes，在澳大利亚和英国之间举行的两年一度的传统板球比赛。——译者注）应该会像一场抛硬币游戏。

从统计学上看，如果你连续抛67次硬币，连续5次正面朝上或连续5次反面朝上的情况非常罕见。而实际上，澳大利亚和英格兰在灰烬杯上五连冠的情况出现了两次。[20]

国际英式橄榄球联合会也同样缺乏竞争性。从1931年起，澳大利亚和新西兰在贝勒蒂斯罗杯（Bledisloe Cup，主要由澳大利亚和新西兰两国参赛的传统橄榄球杯赛。——译者注）上交手54次。如果两队势力均衡，那么一支球队霸占冠军奖杯的时间应该不会超过5年。但五连冠又出现了两次，其中包括新西兰从2002 – 2013年的超长连冠。起源洲橄榄球赛的情况也是一样。从1980 – 2013年，起源洲橄榄球赛举办了34届。从统计学上讲，应该不会出现某支球队四连冠的情况，但实际上有两次，昆士兰州俱乐部取得了超过四连冠的成绩。[21]

表3.2 国际比赛和国内比赛的竞争有多激烈？

比赛	年份	举办次数	如果竞争激烈可能出现的最长连胜	超过理论最长连胜的次数
灰烬杯	1882 – 2013	67	5.1	2
贝勒蒂斯罗杯	1931 – 2013	54	4.8	2
起源洲橄榄球赛	1980 – 2013	34	4.1	2

在保持各队实力平衡方面，国际板球赛、国际橄榄球赛和起源洲橄榄球赛的官方几乎没有刻意做什么。从这层意义上说，它们和许多澳大利亚国内体育赛事都不同。许多澳大利亚国内的体育赛事会为了达到经济学家所谓的"竞争平衡"做出很努力的尝试。竞争平衡背后的逻辑是，体育迷喜欢看到自己的球队赢，但相比实力悬殊的比赛，

势均力敌的赛事更能把他们的屁股牢牢黏在观众席上。

为达到竞争平衡，赛事举办方应用了非常多的策略。电视转播收入会在各队之间分享，全部球员的薪水总和会有限制额度，排名最低的球队在球员选秀中拥有优先权。所以一些俱乐部会通过各种方法违反规则也就不足为奇了，比如他们会打破工资帽，或为了得到更好的选秀权而在赛季后期放水。但即便如此，总体而言，自20世纪80年代中期以来，AFL和澳大利亚英式橄榄球联赛各队的实力仍趋向于平衡。体育经济学家同时也明确发现，AFL的比赛规则更具竞争性。[22]

裁判是否公正也会影响一项比赛的激烈程度。可叹的是，一些研究发现，"独眼裁判"并非只是小说中的虚构人物。在板球运动中，澳大利亚籍裁判更有可能判外籍球员而非本土球员触球出局；AFL的裁判会给和自己同一个州的球队多判一些任意球。在"超级14"国际英式橄榄球联盟赛事中，和裁判来自同一个国家的球队的赢面相对较高。在所有案例中，观众规模似乎也会影响裁判的公正度。当观众比较少的时候，裁判的"主场哨"也就少一些。观众很多的时候，裁判的眼神就开始变得不那么好了。一项研究发现，裁判在根据回看录像判断比赛时，如果把现场声音关掉，他们就会更公正一些。[23]

确实，一些经济学研究认为，在体育比赛中，观众的唯一作用就是影响裁判。[24]因为当场上球员做了一些小动作时，观众通常都会大喊大叫。从运动员角度看，由于他们都接受过专门训练，所以能够从客场观众的嘘声中汲取和主场观众的欢呼声同样多的士气。但主场观众的嘘声可能会影响裁判的判断。为了讨球迷们喜欢，裁判会做出利于主队的判罚。界外球和触球出局的判罚，都非常容易受到场外声音的影响。如果观众希望自己的声音可以最大限度地改变比赛结果，那就集中精力对着裁判嚷吧，但千万不要太激动……

2006年，足球世界杯在德国举行。赛后，慕尼黑的一支心脏病专家团队分析了比赛期间全国的心脏病发作规律。[25]当德国队上场时，女性心脏病突发事件翻了两倍，男性则翻了三倍。这种事件的增加实在太具戏剧色彩，因而研究人员建议，有心脏病的球迷在比赛日最好增量服用乙型阻断剂，或多吃一片阿司匹林。

在一个新奇的实验中，一支心理学家团队测试了1994年世界杯决赛前后巴西男性和意大利男性的睾丸酮水平。[26]当意大利队的罗伯特·巴乔罚丢点球后，巴西队赢得了世界杯冠军。这时候，巴西球迷的睾丸酮水平急剧上升，而意大利球迷的睾丸酮水平则骤然下降。过去对运动员的研究发现，在赢得比赛时，他们的睾丸酮水平会暴涨，在输掉比赛后，其睾丸酮水平会暴跌。现在看来球迷也是一样。

常言道：运动无关生死，运动高于生死。[27]尽管我们非常希望运动的一切都是由技术水平决定，但实际上好运气也很重要。

在一场昼夜板球比赛中，在赛前猜中抛硬币结果的球队，获胜概率比猜错的球队高4%。[28]还有，就如我们看到的那样，个体运动员的职业生涯在各个方面都会受到运气的影响，包括出生时间以及首秀的时间。

作为综合了竞争、合作、高风险和高透明度的领域，体育运动是测试很多经济学原理的高价值实验室。哪种员工最具生产力？你的第一份工作将如何影响你的职业生涯？雇主会公平地评价他的员工吗？哪些公司能够最好地利用其资源？比赛为什么是一项产业？

体育运动为我们阐明了上述问题和其他许多重要经济学问题中的

原理。就如伟大的棒球运动员尤吉·贝拉所言:"仅凭观看,你就能注意到很多。"

第4章

身高和才华，哪个更值钱？

职场中，
女性遭遇更多的是晋升时的玻璃天花板，
还是难以脱身的底薪泥沼？
这是一个看脸的社会吗？颜值高的人挣钱更多吗？
除了缴学费，
我们还要为在校读书付出哪些额外代价？

马修的妈妈是一位技艺精湛的古典音乐家，她正遭受着精神疾病和药物滥用的折磨。在马修上小学时，他患有精神分裂的父亲自杀了。青少年时期的马修频繁转学，14岁时，他离开家独立生活。10年级结束后，马修辍学在当地一家超市找了份工作。在那里，他每周工作6天，时薪5.7澳元。

马修后来告诉我："当时我意识到，处于我那个位置的人，职业前景将极其坎坷，但更重要的是，虽然我在学校的表现并不出色，但我一直非常热爱学习，并十分感谢自己所受的教育。"辍学两年后，马修回到学校完成了11年级和12年级的学业。他接受了政府的助学金，学校也为他逐渐染上的药物成瘾和精神健康问题提供辅导帮助。

12年级毕业后，马修考上了大学。如他自己所说，带着"一定的好运"，他找到一份可以赚取学费的工作，他的人生就此发生了戏剧性的逆转。他不再滥用药物，并和身边的人建立了更好的关系。就在几年前，他开始攻读战略管理专业博士学位。"不久前有段时间，"马修告诉我，"如果能吃得好，把自己照顾好，对我来说已经算是一种成功。感谢教育的力量，虽然我收入不高，也犯过许多年少轻狂的错误，但这个体系仍然接纳我。我的生活再也不会像从前那样了。"

本章，我将把经济学原理运用到职场。澳大利亚人每年的平均工作时长为 1 728 小时，这意味着在我们清醒的时候，有 33% 的时间在工作。[1] 对大多数人来说，工作是主要的收入来源，并决定着我们的身份。我们有多少次和陌生人的谈话是以"你是做什么工作的"开场？

某些影响报酬的因素在可预测范围内。如马修的故事展现的那样，其中一个因素是教育。但其他因素或许会让你感到意外，比如身高、体重和外貌。在本章，我将分析影响澳大利亚劳动力市场的一些意料之中和意料之外的因素，包括性别。我还将研究，为什么油头粉面的城里人比他们乡下来的表弟挣得多。

首先，来看看影响收入的最大因素之一：教育。高中辍学的人，平均一生可以挣得的总收入为 170 万澳元；完成了 12 年教育的人，平均一生可挣得 210 万澳元；完成文凭课程（Diploma，也被称为"大一快捷课程"，从学制上等于大学一年级。——译者注）的人，平均一生可挣 240 万澳元；取得了学士学位的人，平均一生可挣 290 万澳元；研究生平均一生挣 320 万澳元。[2] 很有可能的是，马修回去接受教育后，一生的收入会比不回去上学时翻一倍。

经济学家把教育看成一种投资，其最大的成本是为接受教育而放弃的收入。**在大学念书的最大成本不是它的学费和书本费，而是你无法接受一份全职工作**，即便如马修一般半工半读（这样他只能选择一份收入较少的灵活工作）。没有经济学背景的人通常会忽略教育的机会成本问题。人们多半不会把没有掏钱的事看成成本，但对经济学家来说，导致收入减少的事物和增加支出的事物，统统都会让你付出经济成本。

和其他投资一样，教育也需要你为了长期利益而在当下做出一些

牺牲，而更高的收入往往并非唯一的长期利益。到了四五十岁的时候，取得学士学位的人会比没有学士学位的人多收入54万澳元，且遭遇长期健康问题困扰的概率要低9%。这些差距存在着很强的因果关系。我和墨尔本大学的克里斯·瑞安比较了那些义务教育年限更长的国家人们的收入状况后发现，义务教育每延长一年，成年人的收入就会增长约10%。其他研究者也有相似的发现。[3] 即使是那些想要辍学而被强制留在学校的人，也能得到好处。如好莱坞著名导演伍迪·艾伦所言："出现就是80%的成功。"

对澳大利亚而言，好消息是我们极大地提高了过去一代人的平均受教育水平。在25－34岁的人中，75%的人完成了12年义务教育，33%的人取得了职业资格，35%的人获得了大学文凭。而坏消息是，我们的教育质量并没有多大提升。在一份调查问卷中，我和克里斯·瑞安为现今的初中生设置了他们父母当年回答过的问题。例如，1964年和2003年的问卷中都出现了"乔的三门课程的成绩分别为78分、76分和74分；玛丽的三门课程的成绩分别为72分、82分和74分。那么，乔的平均成绩与玛丽的相比怎么样？"[4]

你肯定能很快算出来乔和玛丽的平均成绩是一样的。1964年，88%的学生答对了这道问题。而2003年，只有68%的学生答对。40年的时间，能正确解答平均数问题的学生比率下降了20%。或许你会认为，进入21世纪后，这种问题不过是小菜一碟；但国际学生评估项目发现，从2003年到2012年，澳大利亚学生的数学成绩下降了；同时从2000年到2012年，澳大利亚学生的阅读能力也在持续减弱。[5]

最乐观的可能性是，澳大利亚学生的读写能力和算数能力与上一代人持平。[6] 而最悲观的可能性是，他们真的退步了。所以，既然我们能够通过提高教育年限的方式让澳大利亚富裕起来，那么我们接下来大概也能通过提升教育质量而得到更多好处。

受教育情况有一部分取决于我们的运气（例如基因、父母和环境），也有一部分取决于我们自己的选择。然而劳动力市场在某些方面则仅由运气决定。例如，如果你小时候获取的营养充足，那么你的身高基本就由你的基因决定。但是，我和澳大利亚南十字星大学的研究员迈克尔·科特在研究身高和收入的关系时发现，有明显的证据表明，个头更高的人收入也更高。[7] **对男性而言，高 10 公分可以让收入增加 3%。换算成全职工作的平均收入的话，则是每年多收入 2 000 澳元；对女性而言，10 公分的额外身高可以带来 2% 的额外收入，相当于全职工作平均每年多收入 1 000 澳元。**

正确理解身高对收入的影响，可以帮助我们一窥经济学家如何看待劳动力市场的产出。其中一种可能的答案是：身高是高生产力的象征，即更高的员工可以更好地完成工作。例如，更高的超市员工不太需要梯子的帮助，更高的消防员能够得着处于高处的受困群众，更高的警察看上去更有威慑力。但另外一种可能是，高个子的人之所以收入多，并非因为他们更有才华，而是人们更喜欢高个子。在一项研究中，研究人员告诉一些澳大利亚学生说，剑桥大学的某个人要来访问，然后让学生们猜测那个人的身高。相比以为来访者是学生的人，那些以为来访者是教授的人猜测的身高要高出 5 公分。[8]

如果把英国和美国的研究放到澳大利亚，我们发现，身高之所以会影响收入，原因可能有两方面：社会偏好和能力。[9] 对男性而言，对他们的收入影响最大的并非他们成年后的身高，而是青少年时期的身高。个子更高的青少年会更积极地参与课外活动，例如打球或参加社交聚会。也就是说，如果社会存在身高歧视，那么它很可能发生在

高中阶段。所以当高个子男性进入劳动力市场时，他们的生产力真的更高。由于积极参与体育运动和社交活动，他们比矮个子的同辈拥有更高的社交技巧。对女性而言，故事有点小小的不同，不仅是青少年时期的身高，她们成年后的身高也相当重要。

研究人员发现，在其他发达国家，身材更苗条的人收入更高。科特和我在澳大利亚没有发现相似的规律，这或许是在说，在澳大利亚体重超重对人们的工作效率并没有产生明显的负面影响，也就是说我们不太会歧视多长了几斤肉的人们。

身高之所以能影响收入的另外一种可能是，这是个看脸的社会，身材是外貌的指标之一。换句话说，颜值更高的人收入也更高？想论证这一问题，比仅检验身高和体重对收入的影响要难得多。如果你想知道后者的答案，你只需要通过电话或邮件进行调查即可。但如果你想知道一个人长得有多好看，就必须和他见个面。

我的合作伙伴之一杰夫·博兰是墨尔本大学的劳动经济学家。我并不认为他会介意我曾说，我们俩都没机会接近 Cleo 杂志的年度黄金单身汉榜。我们都对形成收入差距的因素感兴趣，所以我们联系了罗伊摩根研究公司（Roy Morgan），它是少数可以做面对面采访的市场调查公司之一。在询问过调查对象的职业和收入后，我们的采访人员会记录各对象相比同龄人是更漂亮、更丑还是长相持平。或许你会认为，采访人员在评判调查对象的美丑时会过于主观，但我们和许多先前的研究者都发现，事实并非如此。我们曾让采访人员对 10 个人的照片打分，他们给出的结果非常相似。

得到数千份报告后，我们开始分析其中的规律。**与身高研究一样，我们发现，相比女性，长相对男性收入的影响更大。无论男女，更高的颜值也会吸引拥有更高收入的配偶。总体而言，外貌对收入的影响**

很大，且非常显著。颜值高于平均水平的男性，其家庭总收入要高于平均水平15%，而颜值低于平均水平的男性，其家庭总收入也要比平均水平低25%。换句话说，10名男性中，如果采访人员把4个人归到高颜值组，把1个人归到低颜值组，那么前者的年收入会比后者高将近4万澳元。[10]

这是因为生产力的关系吗？或许是，但我们没有发现明显的证据。相比不需要抛头露面的职业（例如制造业），颜值更高的人并不会更多地从事需要抛头露面的职业（比如销售）。另外，当我们将自信和智力水平保持不变时，发现外貌对收入的影响依然十分显著。

那么这或许只能用歧视，也就是所谓的"外貌主义"来解释了。对相关证据的分析结果是：雇主对漂亮员工的偏好，比高水平管理者更严重。在澳大利亚，这种外貌歧视是合法的，但是美国的一些行政区，比如华盛顿、旧金山和加州的圣克鲁兹都宣布"外貌歧视"不合法。如果你和我一样，是小说家简·奥斯汀笔下"外貌朴素的人"，那么因为在简历上附了照片而没能得到面试机会，也就只能怪你自己了。[11]

当外貌歧视仍旧合法时，性别歧视在上一代就被官方正式确定为是违法的了。有一项研究追踪了一些通过外科手术和激素治疗改变了性别的人。[12] 那些从女性变为男性的人的收入增加了，而且很多报告表示，他们得到了更多的尊重和更多的工作机会；而从男性变为女性的人的收入出现了下降，而且失去了一定的社会地位，受到的骚扰也相应增加。他们还是原来的自己，只是由于改变了性别，

收入也受到了影响。

澳大利亚每10名劳动力中有4名是女性,但她们的平均时薪要比男性低17%。在私营部门,低收入者的收入性别差为8%;在高收入者群体中,收入性别差为28%。在其他发达国家也存在相似的规律。[13] 对一名经济学家而言,问题是这些收入差距,多少是由生产力导致的?多少是由性别歧视造成的?换句话说,如果女性因为缺乏劳动经验而导致收入偏低,那我们就不能责怪雇主(尽管我们会发现,是社会因素导致了男女在工作经验上的差距)。但如果一名雇主雇用了资质和经验完全相同的一名男性和一名女性,却仍然给男性支付更高的薪酬,那么我们的确应该谴责他的行为了。

将工作经验、受教育程度、工会会员身份和勤勉程度等因素保持不变,哥伦比亚中央银行研究员胡安·巴龙和墨尔本研究所研究员底波拉·科布-克拉克将私营部门的低收入群体、中等收入群体和高收入群体作为研究对象,分析收入性别差与生产力之间的关系。[14] 对低收入的女性来说,收入性别差完全由生产力因素导致,尤其是工作经验;对中等收入的女性来说,75%的收入性别差由生产力因素导致的;对高收入女性来说,不到25%的收入性别差是由生产力因素导致。如研究结论所言:**职场中的性别歧视,更多时候会成为女性升职时遭遇的玻璃天花板,而不是难以脱身的低薪泥沼。**

我和澳大利亚国立大学研究员艾莉森·布兹主导了一项恶作剧式的实验,其结果和以上发现不谋而合。[15] 实验中,我们捏造了一些虚假简历,然后分别投向了服务员、数据输入、客户服务和销售四个初级岗位。这些简历除姓名外,其余内容完全一样。有的公司收到的简历来自莎拉·米切尔,有的则是布莱恩·约翰逊。

我们发现,对于低薪岗位,雇主们更青睐女性应聘者。写有女性名字的简历的回复率是32%，写有男性名字的简历的回复率是25%。处于劳动力市场底层的工作，通常都是传统上的女性化的职业，在这些领域，女性找到工作的可能性比男性要高。

但在劳动力市场顶层就不一样了。在澳大利亚证券交易所上市的公司中，女性主管只占12%，女性CEO更是只占4%。只有9%的高级律师和25%的大学教授是女性。对于律师界的性别歧视，一位女性律师说："律师界的文化培育了一种高强度的工作方式，如果你不能连续工作很多小时，别人就会认为你很弱。"也有人提到，律师界欣赏"侵略性行为"，而不是"积极的教导型行为"。[16]

注意到女性在高收入环境中十分不具代表性后，经济学家转而研究人们对竞争的态度。在一项实验中，组织者要求参与实验的大学男生和女生解答一些简单的数学问题。[17] 实验发现，当每个正确答案的报酬都一样时，男生和女生的表现一样好。接下来，学生们得到一个加入4人比赛的机会，比赛中排名第一的人会得到非常诱人的奖励，而其余三名输家则将空手而归。由于男生和女生的答题能力差不多，所以理论上他们赢得比赛的几率应该是一样的，但研究发现，男生胜出的概率几乎是女生的两倍。

其他研究发现，男女对于竞争的态度差异，从他们小时候就显现出来了。一项针对以色列一群9岁小学生的研究发现，当让他们各自进行短跑测试时，男生女生的表现差不多。[18] 但是把所有人放到同一场比赛中时，男生跑得更快了，而女生的速度和单独测试时没有什么变化。

这些研究结果是否代表了自然界的进化规律？从基因学角度讲，男性更爱竞争，女性更小心谨慎？[19] 或者相比先天的生物学因素，这只是文化和后天成长环境所致？

为验证这些假说，我们需要研究完全不同的社会形态。在一项非

the ECONOMICS of
just about EVEYTHING

常具有创新精神的实验中,经济学家对坦桑尼亚马赛部族的极端男权社会和印度卡西族的母系社会分别进行了相同的测试。[20] 测试内容是把一个球扔进一个一定距离之外的篮子中。普通测试中,这两个部族的男性和女性的投篮精准度是一样的。然后他们会面临一些激励:每进一个球得到 1 澳元;和房子后面一个身份不明的人进行比赛,每进一个球得 3 澳元,失败的人则什么也得不到。在视女性如驴子一样的马赛部族中,男性的竞争意识比女性更强;而在女性掌管财政大权的卡西族,女性的竞争意识比男性要强。事实上,卡西族的女性比马塞部族的男性更爱好竞争。所以最后得分:先天文化 0 分,后天成长 1 分。

另一种研究环境对人们竞争性影响的途径,是调查男女分校教育制度与不分校教育制度。在两项针对 15 岁英国青少年的试验中,研究人员分别测试了学生们参与这两项比赛的意愿度:一项是依赖技巧的走迷宫竞赛,另一项是依赖运气的抛硬币竞赛。[21] 在男女同校的学校中,女生参与这两种竞赛的意愿度都相对较低;但就读女校的女生参与竞争的意愿度与男女同校中的男生参与竞争的意愿度相同。

虽然该领域的顶尖研究者艾莉森·布兹很快指出:"我们的研究并不是要大家马上带自己的女儿去女校注册。"[22] 然而这项研究还是阐明了环境因素的重要性。如果一所简简单单的女校就能推翻"女孩不喜欢竞争"的陈词滥调,那么一定还有其他方法可以改变女孩子的竞争意愿。确实,一项研究发现,阅读了成功女性自传的女孩,在随后的数学测试中表现更佳。[23] 用经济学术语来说,减少歧视需要从需求(减少职场中的性别歧视)和供给(鼓励女性对竞争采取积极的态度,或让男性不那么争强好胜)两方面着手。

有必要说明的是，我们关注的是平均状况。世界上既有遭遇严重性别歧视的低收入女性，也有和男同事收入相同的高收入女性。仅因为低收入群体的收入性别差主要由工人的生产力决定，就说不存在性别歧视是不公平的。这只能说明，对于低收入群体而言，之所以会产生收入性别差，是因为女性担负了大部分抚养子女的工作。

性别歧视不仅表现在收入差距上，还表现在性骚扰问题上。在2012年的调查中，25%的澳大利亚职场女性称，她们在过去5年中遭遇过性骚扰。国际研究认为，50%的女性在其整个职业生涯中会遇到性骚扰。[24]性骚扰不仅是有害的，它还有可能毁掉一位女性职业生涯。例如，它会导致女性不愿意要求加薪，而是更倾向于直接辞职。经济学没法对性骚扰的原因做出更多的解释，也不能提供减少性骚扰的建议。我希望这一状况能尽快改变。

最后，让我们再考察一下你的居住地对收入的影响。澳大利亚人对郊野有着长久以来的浪漫情结。澳大利亚著名诗人班卓·帕特森在1889年写下的诗篇《逍遥得意的克兰西》(Clancy of the Overflow)中描写了一位每天"饱览阳光普照的广袤平原"的牲畜贩子，以及一位不得不忍受"灰尘弥漫的肮脏城市里的恶臭空气"的市民。

但一年后，经济学家阿尔弗雷德·马歇尔写出了或许是史上最著名的捍卫城市的经济学论文。在城市里，马歇尔说：

> 神秘的交易变得不再神秘；它就像飘浮在空气中，孩子们在无意中就学会了其中诀窍。出色的工作将受到应有的奖赏；对机械、流程和商业组织的发明和改进，将迅速得到讨论；如果一个人萌生了一个新创意，它就会被别人采纳，并加上许多改进建议。这样一来，它就成了其他创意的源头。[25]

为了检验居住在城市对收入的影响，我查看了一项对 20 000 名澳大利亚人进行的超过 10 年的追踪调查。在调查期间，有的人从乡村搬到了城市，有的人从城市搬到了乡村，所以在这项调查中，我可以检查同一个人在城市和乡村的收入情况。

平均而言，从乡村搬到大城市的人，年收入可以增长 8%。[26] 其中起到相当作用的似乎是受教育水平。**在一个人赚钱能力不变的前提下，拥有大学文凭的工作人口每上升 10%，他的收入就会增长 5%。**[27] 例如，如果一个人从拥有大学文凭的工作人口的比例为 14% 的昆士兰州的乡村，搬到了比例为 35% 的悉尼，我们可以预测，他的收入将上涨 10% 以上。

哈佛大学的爱德华·格莱泽在相似的研究中发现，即使把物价水平计算在内，相比乡村，城市居民的收入也明显更高。[28] 这并不是因为城市居民更加聪明（事实上，美国高 IQ 的人更多出生在乡村），而是因为城市白领获得新工作技能的速度更快。在大城市，雇主和雇员的匹配度更高，且创业也更容易。平均而言，比起生活在"灰尘弥漫的肮脏城市"的人，那些选择"阳光普照的广袤原野"的人，其整个职业生涯的收入要少 20 万澳元。[29] 但由于澳大利亚不同地区的生活成本的差距也很大，所以居住在乡村的支出也更少。[30]

我的观点是，理解劳动力市场是经济学最有趣的方面之一。就和生活中大部分的事情一样，劳动力市场上充斥着公平和不公平。搬到城市居住或进入学校拿起课本读书，会让你得到显著的回报。长得高和长得漂亮也能给你带去同样的好处。事实上,颜值高的人不仅收入更高,他们在募集慈善捐款方面也更高效,且在电视游戏节目中的表现也更出彩。**颜值高的人沦为罪犯的可能性也较低,即便他们出现在法庭,颜值高的被告被判有罪的概率也更低。**[31]

众所周知,女性的平均收入比男性要低,但令人吃惊的是,相比理发师这一低收入职业,收入性别差在律师这种高收入职业中更为明显。另外,由于篇幅有限,我还没有一一论述其他的劳动经济学发现,例如员工持股计划会激发员工生产力,工会会员的收入更高,男同性恋的收入可能更低,名字不具备高贵民族的气息的求职者得到的回复更少等。[32]

很大程度上,本章内容对劳动经济学的介绍只是冰山一角,但就像会拿自己的收入和别人相比一样,我们也会想要知道,我们的收入将随着年龄的增长出现怎样的变化。那么就让我们看看,当我们达到职业巅峰时,经济学又会给我们怎样的结论吧。

第 5 章

毕加索画作：
20 岁比 60 岁贵 4 倍

我们能够从伟大艺术家的事业周期中学到什么？
为什么澳大利亚知名画家
西德尼·诺兰的巅峰期比阿瑟·博伊德来得早？
而澳大利亚最负盛名的作家凯特·格伦维尔的巅峰期
却比《偷书贼》的作者马克斯·苏萨克来得晚？

爱因斯坦在物理学上最伟大的贡献,发表于他 26 岁那年;也是在 26 岁,毕加索创作出了现代艺术领域中的抽象画代表作之一;马克·扎克伯格在 19 岁创立了 Facebook;数学家陶哲轩在 31 岁时获得了有数学界诺贝尔奖之称的菲尔兹奖。

在生命周期的另一端,也同样有着大量的成功例证。美国著名演员和导演克林特·伊斯特伍德因执导电影《不可饶恕》(*Unforgiven*)而在 62 岁时加冕奥斯卡,74 岁高龄时凭借电影《百万宝贝》(*Million Dollar Baby*)再次获得奥斯卡奖;法国著名印象派画家保罗·塞尚最著名的画作,是在他 67 岁去世那年完成的;建筑大师弗兰克·劳埃德·赖特在 76 岁时才开始设计古根海姆博物馆,并于 91 岁时完成。

规划自己的职业生涯并不容易,因为你永远没有重来的机会(除非你相信轮回转世)。平均而言,我们大多数人在初出茅庐时获得的报酬都非常低。其中一部分原因是,我们当时还在学习适应自己的角色;还有一部分原因是,我们还在寻找真正适合自己的工作。

所以,年轻人跳槽的次数通常更为频繁。就像婚恋市场中的单身人士,职场中的年轻人也希望找到自己的最佳拍档;他们有时候会炒掉老板，甚至换个行业。我们工作的时间越长，获得的经验也就越丰富。遇到的问题都似曾相识，我们应对麻烦的顾客和同事时就更加得心应手，同时我们对自己身处的组织也会有更加深刻的理解。

然而，随着经验的不断积累，我们的脑力也在不断流失，大脑会慢慢变得迟钝，DNA 不断受损，大脑的可塑性不停衰退。从二十多岁到九十多岁，每过十年，我们在完成类似记住一大堆单词或按形状进行分类等任务时，会感觉越来越吃力。[1]在你二十岁之后，如果有人邀请你做智商测试，请不要再犹豫了，因为你的得分会一年比一年低。

也就是说，我们的生产力是一个包含两个不同变量的函数：不断积累的经验和不断衰减的认知能力。综合二者的影响，澳大利亚人薪水达到巅峰的平均年龄应该在 50 岁左右。同时，我们都知道，有的人在年轻时会创造毕生最伟大的成就，例如爱因斯坦；有的人则会随着年龄的增长而逐渐开悟，如克林特·伊斯特伍德。

本章探讨的是一个人一生的成就，并回答这样一个问题：**为什么有些人的巅峰期来得早，而有些人大器晚成**？大多数人都很难精准预测到自己的巅峰年龄，所以我打算将研究对准那些创造力的天才，如画家、音乐家和小说家，他们的职业生涯会显现一个清晰的轨迹。

诚然，生命周期本身就是一个巨大的挑战，因为如果活得不够长，你是没法大器晚成的。我始终记得一位 37 岁的喜剧演员曾说过一句这样自嘲的话："当莫扎特到我这个年龄时，他已经死了两年了。"另外，这个模式在男性身上最明显，因为传统上女性在生育孩子之后会经历很长一段职业生涯中断期。

接下来的内容，大多是对澳大利亚人创造力生命周期的初步猜想，而非最终结论。

在分析艺术家的事业时，我将借用创新经济学领域的世界级权威

the ECONOMICS of
just about EVEYTHING

专家、芝加哥大学经济学教授大卫·格兰森的理论工具。过去十多年，格兰森及其合作者研究了经济学家、诗人、小说家、导演、建筑师和艺术家的职业生涯。为了鉴别各领域中的佼佼者，他收集了很多数据："史上最佳"排行榜、作品拍卖价格、获奖情况、论文引用次数以及作品入选教科书和选集的次数。

格兰森希望通过大量的数据研究找到一个适用于创造领域的普遍模式。研究艺术家有一个好处，我们既可以度量他们的成功，又可以深入他们的传记，从个人层面了解其创作过程。我认为，格兰森的工作之所以令人陶醉，是因为它不仅让我们了解了某些艺术家的私事，还为我们提供了一种新的方法，这种方法将帮助我们思考自己将在何时达到职业巅峰。

格兰森宣称，在多个不同领域都会稳定出现的创新者有两种类型：一种是概念派创新者，其工作贯彻一种单一理论；另一种是经验派创新者，他们的成就从真实的生活经历和经验性观察中提炼而出。概念派艺术家更加关注想象力和幻觉，而经验派艺术家则倾向于观察和描述现实。**由于概念派艺术家更擅长发现自己的想法，而非理解现实世界，所以他们会在一个比较早的年龄展露出自己的才华。**

因此，概念派创新者会比经验派创新者更早登上人生巅峰。在美术界，格兰森发现，像拉斐尔、毕加索和爱德华·蒙克这些概念派艺术家，其画作致力于传达特殊的想法和情绪；而像达·芬奇、塞尚和康定斯基这些经验派创新者，他们的想法是模糊的，且他们通常把艺术创作的过程看成一种旅行。塞尚曾说过："我在绘画中寻找。(I seek in painting.)"而毕加索则说："我不寻找，我发现。(I do not seek, I find.)"[2]

我们可以从画作的拍卖价格中看出毕加索和塞尚的职业生涯差

别。毕加索二十多岁的画作比他六十多岁的画作贵 4 倍。而塞尚则是不断进步的：他六十多岁的画作其价格是他二十多岁的画作的 14 倍。[3]

格兰森在小说家身上也发现了同样的模式。概念派有特殊的创作目的，他们因作品的情节而出名，如弗朗西斯·斯科特·菲茨杰拉德和欧内斯特·海明威。经验派则专注于人物发展，如查尔斯·狄更斯和弗吉尼亚·伍尔芙。在小说界，我们再次发现了同样的年龄模式：菲茨杰拉德在 29 岁的时候写出了《了不起的盖茨比》，而狄更斯经历了生活的艰辛后，在 41 岁写出了《荒凉山庄》。而海明威的一则讣文坦率地说："他大多数晚期作品都很糟糕，他不再坚不可摧了。"[4]

接下来是诗人。格兰森发现，E.E. 卡明斯和 T.S. 艾略特这一类的概念派创新者因其技艺的精湛而留名文学史，而华莱士·史蒂文斯和罗伯特·弗罗斯特等经验派创新者则是从日常对话和观察中捕捉灵感。艾略特在 23 岁那年写出了《J. 阿尔弗瑞德·普鲁弗洛克的情歌》，而史蒂文斯的佳作大半都是在 50 岁之后写就。对于自己的晚期作品比早期作品优秀一事，63 岁的史蒂文斯说："因为随着年龄的增长，一个人的目标会越来越清晰。"[5]

再看看电影导演。格兰森认为，奥逊·威尔斯和斯坦利·库布里克这样的概念派创新者，其作品经过了精心的设计，且都是因为某种想法而散发出勃勃生机。像阿尔弗雷德·希区柯克和伍迪·艾伦这样的经验派创新者，则没有那么明确的用意，他们的电影经常会在拍摄过程中进行大幅调整。威尔斯在 26 岁那年就自导自演了著名电影《公民凯恩》。希区柯克在 59 岁才拍出了《迷魂记》以及两年后的《惊魂记》。如一篇影评中写的那样："希区柯克对电影艺术的掌握，一部比一部纯熟。"[6]

对于关注欧美艺术创作的人来说，格兰森的研究非常吸引人，但

对于澳大利亚人而言，问题依然没有解决：年轻的概念派和年老的经验派理论，在多大程度上符合澳大利亚的国情呢？为了回答这个问题，我针对澳大利亚的画家、摇滚乐队和小说家三个群体进行了大量的数据研究，并阅读了他们的传记。

让我们从澳大利亚画家开始。为拟定澳大利亚顶级艺术家名单，我们既可以参考其作品拍卖价格，也可以询问该领域的专家。作为一名用数字说话的经济学家，我的第一反应当然是参考拍卖价格，但是这样我们就只能判断20世纪80年代之后的作品，而无法考察19世纪的顶级艺术家。[7]（许多19世纪画家的杰出作品，到了20世纪80年代都挂在了公共画廊里。）所以，我选择听取专家的意见。在参考了澳大利亚三位最著名的艺术评论家的意见之后，我统计了每位目标艺术家的作品数目。

排名从高到低的澳大利亚十大艺术家分别是汤姆·罗伯茨、阿瑟·斯切特、威廉·多贝尔、阿瑟·博伊德、拉塞尔·德赖斯代尔、查尔斯·康德、弗雷德里克·麦卡宾、乔治·兰伯特、西德尼·诺兰和大卫·戴维斯。表5.1把这些艺术家分别划分到概念派和经验派，并列出他们创作出巅峰作品时的年龄。[8] **正如前文所述，大概从二十多岁开始，我们的认知能力就会下滑，同时经验会稳定地积累，所以，我们可以预测，概念派的巅峰期要早于经验派。因为概念派的创作动力是某种理念，而经验派则依赖于他们的人生经验。**

平均而言，概念派在28岁时会创作出自己的巅峰之作，而经验派的巅峰期在 37 岁。概念派主要由海德堡画派的 5 位画家组成：汤姆·罗伯茨、阿瑟·斯切特、弗雷德里克·麦卡宾、大卫·戴维斯和查尔斯·康德。从 19 世纪 80 年代末开始，海德堡画派就专注于一个特殊的目标：精准地描绘澳大利亚风景。和法国印象派画家一样，他们画室外风景（外光画），追求捕捉澳大利亚乡村刺眼的阳光和朴实的色彩。海德堡画派的许多作品尺寸都很小，有的甚至是在一个半小时中一挥而就。如汤姆·罗伯茨所言："绘画是将你的某种东西、某个情景、某种情绪、某种想法记录下来。"[9]

表 5.1　画家的职业周期

艺术家	巅峰作品	创作巅峰作品时的年龄
概念派		
汤姆·罗伯茨	《剪羊毛》	34
阿瑟·斯切特	《着火了！垫石隧道》	24
弗雷德里克·麦卡宾	《他运气不佳》	34
大卫·戴维斯	《月出时分的坦普尔斯托》	30
查尔斯·康德	《从奥连特启程》	20
西德尼·诺兰	《奈德·凯利》系列作品	28 — 30
乔治·兰伯特	《田园》	23
平均巅峰年龄：27.7 岁		
经验派		
阿瑟·博伊德	《桥》系列	35 — 38
威廉·多贝尔	《爱尔兰年轻人》	39
拉塞尔·德赖斯代尔	《索法拉》	35
平均巅峰年龄：36.8 岁		

罗伯茨、斯切特、麦卡宾、戴维斯和康德在他们 20 岁到 30 岁出头的时候创作出了巅峰作品。尤其是康德，他最著名的作品《从奥连特启程》是他在上学前创作的，当时他只有 19 岁。斯切特的巅峰年

龄也不比康德大多少。艺术评论家罗伯特·休斯认为:"最后40年,斯切特的视野没有任何拓展。"另外一位评论家指出,斯切特最有价值的传世作品,都是他在二十多岁时完成的。[10]

另一位概念派创新者是西德尼·诺兰,他的同风格画作《奈德·凯利》系列画作展现的或许是澳大利亚艺术领域最具影响力的理念。20世纪40年代早期,诺兰加入了"愤怒的企鹅"运动,那是一个受到欧洲超现实主义和表现主义启发的现代主义运动。《奈德·凯利》系列画作诞生于"二战"结束后不久,它描绘了诺兰想象中的绿林好汉事迹,以及他当时的自身处境。诺兰擅自脱离了军队,并和一名已婚妇女私通。如诺兰对一名采访者所说:"事实上,《奈德·凯利》系列画的都是我的私事。"[11]

《奈德·凯利》系列画作完成时,诺兰只有二十多岁,从此他的作品再也没有达到过那一高度。如评论家罗伯特·尼尔森所言:"从33岁到75岁去世的这段漫长时间里,作为一名画家,诺兰毫无作为。他用自己一贯的手法所创作的作品毫无信仰可言。"同样,乔治·兰伯特创作出巅峰作品《田园》时只有23岁。随后他转向了肖像画,但就如一位传记作者评价兰伯特四十多岁后的画作时所说的那样,它们"呈现出的是逐渐干涸的色彩,以及越来越呆板的人物刻画。"[12]

与他们相反,阿瑟·博伊德属于经验派,澳大利亚的风景地貌对他影响极大。他和澳大利亚原住民一起在澳大利亚中部的旅行,启发他创作了《桥》系列画作;同时越南战争和他对圣经故事的兴趣,启发他创作了《尼布甲尼撒》系列画作。博伊德的艺术也受到了社会运动的影响。例如,他是澳大利亚最先以原住民的种族主义为主题进行创作的艺术家之一。

艺术评论家罗伯特·休斯把博伊德对艺术的感觉描述为"一种源

自部落的智慧，一种不断被改进的传承"。[13]同时，休斯也认为博伊德在"稳定且始终如一地发展"。博伊德在六十多岁时被邀请为澳大利亚联邦议会大厦设计一幅织锦画。就如毕加索之于塞尚，诺兰和博伊德也是同时代的伟大画家，但毕加索和诺兰在年轻的时候就达到了巅峰，塞尚和博伊德则随着年龄的增长不断升华。

另外两名重要的澳大利亚经验派艺术家是悉尼艺术家威廉·多贝尔和拉塞尔·德赖斯代尔。罗伯特·休斯认为，多贝尔"从根本上讲属于博采众长"，他受到法国印象派画家雷诺阿、西班牙浪漫主义画家戈雅、法国表现主义画家苏丁、荷兰现实主义画家伦勃朗和法国现实主义讽刺画家奥诺雷·杜米埃的影响。[14]他的画作从一开始的奇异风格变化为后来的细长风格。多贝尔凭借一幅《约书亚·史密斯的肖像画》于1943年赢得阿奇博尔德奖（Archibald Prize，澳大利亚最古老、最有名望的艺术奖之一，奖项授予最好的肖像画，评奖优先考虑在艺术、文学、科学或政治上有着杰出贡献的艺术家。——译者注），但由于其创作手法过于扭曲，以至于另一群画家把该奖告上了法庭，理由是他们认为多贝尔那幅画根本不是肖像画，而是一幅漫画。

德赖斯代尔直接把自然环境当成他的灵感来源。他的部分作品受到了短暂的欧洲流行风格的影响，如立体主义、超现实主义和社会现实主义等。但罗伯特·休斯认为，德赖斯代尔在澳大利亚内陆旅行的经历，让他"把澳大利亚的风景从禁锢了它三十多年的羊毛和橡胶树的地狱边缘拉了出来"。休斯相信，德赖斯代尔是最先把澳大利亚原住民作为创作主题的艺术家之一，这与他广泛游历澳大利亚北部的经历有密切关系。[15]

一份史上最佳名单，总会不可避免地偏向已逝世的白人艺术家。

我希望100年后的研究者在重复这项工作时,可以拟出一份无论从性别还是种族上都更能代表今天的澳大利亚的名单。但目前,我们也很有必要来探讨一下,当今主要的澳大利亚原住民艺术家的分类情况。

一般而言,澳大利亚最伟大的原住民艺术家都是经验派。西澳大利亚金伯利地区的艺术家罗弗·托马斯的前半生一直是一名负责放牛的牧场工人,直到五十多岁他才开始画画。托马斯的生活经历在他的艺术创作中留下了深深的烙印。如一名评论家所说,托马斯"不仅在自觉地再现他所熟悉的高山、峡谷、庄园、干涸的小溪和激荡的河流。在他的意识和他的画作中,他复活了一个人的生命和一群人的历史。"[16]

同样,西澳大利亚沙漠地区的艺术家克利福德·泡泽姆·贾帕加利在45岁那年完成了他最负盛名的作品《沃鲁古龙》。贾帕加利从小学习的是木雕,但他也一直都在练习点画创作,并最终成为了一名画家。传记作家、赫曼斯堡派画家阿尔伯特·纳马吉拉写道,贾帕加利在绘画的时候,"脑子里装着乡村",并受到了祖先的影响。[17] 贾帕加利最著名的水彩画,如《白色桉树》和《穿越平原到圣吉尔斯》都是他在四五十岁时创作的。

澳大利亚北领地艺术家艾米丽·卡姆·肯瓦里耶直到70岁才开始在帆布上作画,并在其8年的职业生涯中创作了超过3 000幅作品。如果我们有幸活到七十多岁,一定会发现自己解决复杂脑力问题时有些力不从心,但我们将拥有年轻人无法想象的丰富经验。所以,如果肯瓦里耶是一名概念派画家,那么她在这个年纪肯定不能创作出有吸引力的作品。她之所以成功,正是因为她是一名经验派艺术家。作为一名Anmatyerre族老人,肯瓦里耶以其族群与澳大利亚的文化联系为创作主题。将肯瓦里耶归为经验主义画家的证据之一就是,她从自己一生的田园经历和驼队生活中汲取灵感,将自己的经历绘制成一幅幅她所说的"一大堆"(Whole Lot)。[18]

现在,来看看摇滚圈。由于各方面提供的唱片销售数据不一致,我根据三份不同的澳大利亚史上最佳乐队名单,提取出了我自己的澳大利亚史上最佳乐队名单。那三份名单分别出自一本讲述澳大利亚史上最佳唱片的著作,一份对175名音乐行业专家的调查和一份对Triple J电台听众的调查。三个数据来源都提供给我100张最佳唱片,综合所有信息之后我得出了自己的名单。[19] 按从高到低排序,澳大利亚史上十佳乐队分别是午夜石油乐队、银椅子乐队、尼克·凯夫和坏种子乐队、粉末指头乐队、AC/DC乐队、你是我乐队、拥挤的房子乐队、伊克斯乐队、反刍者乐队和冰凿乐队。和最佳画家名单一样,最佳摇滚乐队名单也被男性所统治。

表5.2把这些乐队分为了概念派和经验派。我列出了每支乐队的最佳唱片,以及唱片发行时主要词曲作者的年龄。

这个名单上最具国际影响力的应该是AC/DC乐队,它由安格斯·扬和马尔科姆·扬两兄弟于1973创立。从1975－1985年,这支乐队平均每年出一张唱片。之所以把AC/DC乐队归为概念派,是因为他们所有歌曲都有着统一的驱动理念,即反复音节奏风格和"体育场摇滚演出"。[20] 对大多数乐队而言,主唱的更换或许会迫使乐队改变风格,但1980年主唱波恩·斯科特的去世,似乎对AC/DC乐队的音乐风格没什么显著影响。安格斯·扬在一次采访中提到了马尔科

姆·扬为专辑《回到黑暗》写的简介，从中我们可以看出这支乐队"知道自己是谁"的那种自信。（采访中，安格斯·扬说："马尔科姆问'你觉得它怎么样？是垃圾吗？我应该把它丢掉吗？'我说，'不，别丢掉它。如果非要丢掉它，你把它给我，我说这是我写的好了！'"）[21]

表 5.2　摇滚乐队的职业周期

乐队名	最佳专辑	主要词曲作者当时的年龄
概念派		
AC/DC	《回到黑暗》	33
拥挤的房子	《木脸》	33
你是我	《高保真方式》	26
银椅子	《青蛙踩脚》	15
反刍者	《单元》	25
伊克斯	《踢》	28
平均巅峰年龄：26.7 岁		
经验派		
午夜石油	《柴油与灰烬》	34
冰凿	《东方》	24
尼克·凯夫和坏种子	《船夫的呼唤》	40
粉末指头	《奥德赛第五》	31
平均巅峰年龄：32.3 岁		

另外一个概念派是拥挤的房子乐队（他们一举成名后，澳大利亚同胞立刻宣布了对他们的主权）。虽然该乐队成员变动频繁，但乐队的灵魂人物尼尔·芬恩一直都在。尼尔·芬恩深受毛利音乐、爱尔兰民谣和他弟弟蒂姆的乐队"分裂尖端"的影响。尼尔·芬恩对自己在音乐中传达的理念有着强烈的信仰。例如，芬恩谈到专辑《木脸》中一首叫《我要的全部》的歌曲时，对采访者说："《我要的全部》是一气呵成的，真的是一口气，唱这首歌要多久，写这首歌就花了多久。"

他的弟弟蒂姆补充说:"我们从头到尾都只走一遍。不管是乐队演奏、主唱演唱、正式录制,我们都配合得天衣无缝,完全没有回过头去重来。'很好,这就是音乐。'"(这句话引起了鲍勃·迪伦的共鸣,有一次他在采访中也说:"把一首歌写到纸上要多久,创作一首歌就需要多久。")[22]

概念派创新者的巅峰期来得比较早。银椅子乐队评价最高的唱片是《青蛙跺脚》,该唱片发行时,乐队成员平均只有 15 岁,当时他们被媒体戏称为"银色儿童椅"和"穿着睡衣的涅槃乐队"。反刍者乐队的最佳唱片是《单元》,那是他们的第二张唱片。此外,看看伊克斯乐队在排行榜上的表现,就能清晰地看到他们的职业周期。伊克斯乐队的头两张唱片的最好成绩分别是第 27 名和第 15 名。他们有 7 张唱片排进过前 10 名,而最近三张唱片最好成绩分别是第 14 名、第 18 名和第 49 名。与之形成鲜明对比的是粉末指头乐队,他们至今仍在发行可以冲击第 1 名的唱片。

经验派名单以午夜石油乐队领衔。午夜石油乐队不仅更换过名字(刚成立时叫农场乐队),它整个音乐基调也发生过彻底蜕变。20 世纪 70 年代,午夜石油乐队将注意力放在失去的爱情和追赶时代的浪潮上。著名音乐评论家布鲁斯·埃尔德把他们的音乐形容为"男性至上、世俗、偏执"。[23]但接下来十年,午夜石油乐队的歌曲主题转向了裁减核武器、澳美联盟和原住民和解上。和拥挤的房子乐队唱片《一气呵成》的录制方法不同,午夜石油乐队会花几个月的时间来排练歌曲,直到自己满意为止。正如词曲作者吉姆·莫吉尼所言:"我们希望自己的歌曲毫无累赘。简单朴素最重要。"[24]

冰凿乐队也有着类似的发展轨迹,他们利用诸如在伍伦贡和纽卡斯尔这样的工业城市的演出机会来发展音乐。吉米·巴恩斯在描述他

们的经验派风格时说："（表演中）我们会抛弃自己所有的设定……如果伊恩想要弹五个小节的吉他独奏的话，他就会直接走到舞台中间然后进入个人表演时间；如果我想多唱几段，我也会直接唱。我们的风格非常放松，非常自由，我们随时都在改变歌曲的形式，以适应当时的现场氛围。"[25]

或许澳大利亚乐坛最经典的经验派音乐人是尼克·凯夫。他的音乐灵感源自《旧约》、犯罪故事和哥特式意象。凯夫每张专辑的风格都在变，最佳专辑《船夫的召唤》是在他40岁时创作而成。凯夫在其他令人惊愕的艺术领域也大胆尝试。他在青少年时期学过绘画，后来还写过电影剧本、诗歌、小说甚至一本连环画。在1988年的一次采访中，凯夫说："现在每天我都会冒出一大堆新想法，它们源自我以前的经历……我不认为自己已经定型，也不认为将来会定型。我的创作之旅可以永久地自我持续下去。"[26]2013年，尼克·凯夫的专辑《推开天空》成为了他首张排名第一的唱片。那时他已经55岁了。[27]这反映出了音乐行业的整体情况。如表5.2所示，概念派的平均巅峰年龄为27岁，而经验派的平均巅峰年龄为32岁。

现在我们再看看小说家的状况。再一次，我综合了三份澳大利亚最佳小说家名单：澳大利亚广播公司"首周二图书俱乐部"栏目的观众投票，澳大利亚作家协会的调查，和自称"澳大利亚第一图书博客"的"书托邦"（Booktopia）的调查。[28]相比最佳画家和最佳音乐人榜单，这份名单不那么重视专家意见，所以或许有的读者会不太认同我的榜单，但就和其他创造性职业一样，我的关注点不在于排名状况，而在于概念派和经验派之间的区别。

澳大利亚最佳小说家名单如下（排名由高至低）：帕特里克·怀特、蒂姆·温顿、彼得·凯里、戴维·马洛夫、诺曼·林赛、露丝·帕克、克里斯蒂娜·斯特德、凯特·格伦维尔、马克斯·苏萨克和琼·林赛。表5.3把他们分为了概念派和经验派，并列出了他们写出最佳小说时的年龄。平均而言，概念派在39岁时出版自己的最佳作品，经验派在46岁出版自己的最佳作品。

总体而言，概念派倾向于以情节为导向，并运用大量象征手法。马克斯·苏萨克的小说《偷书贼》的主人公是一个叫莉赛尔的女人，她出生于20世纪20年代的德国，并最终于悉尼去世。苏萨克没有追求历史的精准度，而是以死神的视角叙述了整个故事（故事最后，大家发现死神是惧怕人类的）。

在一次采访中，苏萨克提到这个故事的灵感来自两个强大的意象：一座城市遭到轰炸后映出火光的天空，一个路人因为给了一个饥饿的犹太人面包而遭到惩罚。这两个意象，加上一个担惊受怕的死神，苏萨克说："我开始动笔，而且根本停不下来。"[29] 书名不仅指一个偷窃书籍的贼，更隐喻了希特勒所发动的大屠杀。[30]

克里斯蒂娜·斯特德的作品深入探讨了家庭生活的心理层面，她用大量的笔墨来构建人性而非外部事件。《爱孩子的人》讲述了一个极端自恋的男人为自己的家庭创造了专门的语言，作为回应，女儿也发明了自己的密码。由于外部世界对故事的影响微乎其微，所以斯特德接受了出版商的建议，把故事发生地点从悉尼搬到美国华盛顿，以博取更高的销量。[31] 如评论家所言，斯特德的作品中有着非常明显的象征符号。[32]

表5.3 小说家的职业周期

作者	最佳作品	出版最佳作品时的年龄
概念派		
马克斯·苏萨克	《偷书贼》	30
戴维·马洛夫	《一种想象的生活》	44
帕特里克·怀特	《沃斯》	45
克里斯蒂娜·斯特德	《爱孩子的人》	38
平均巅峰年龄：39.3 岁		
经验派		
凯特·格伦维尔	《我的秘密河流》	55
蒂姆·温顿	《云街》	31
琼·林赛	《悬岩上的野餐》	57
诺曼·林赛	《魔法布丁》	71
平均巅峰年龄：47.3 岁		

另外两名概念派创新者是帕特里克·怀特和戴维·马洛夫，他们在描写身份认同、孤独和归属感方面开辟了男性写作的新领域。马洛夫在一次采访中说道："澳大利亚男性创作的大量作品和大量描写男性的作品都是关于行动的。我不认为这是男人生活的真实状况。"[33] 对怀特和马洛夫来说，他们的性倾向以及他们在视同性恋为非法的澳大利亚的生活经历，塑造了他们的写作风格。怀特的写作风格也体现了其概念派的身份。

通常，经验派最重要的发现是在创作过程中获得的，而概念派则倾向于在行动前就构思好自己的想法。传记作家戴维·马尔在描述帕特里克·怀特的原稿时写道："（尽管）他划掉这里或那里的段落，但本质上他的散文式叙述如同一条修长而干净的缎带。人物、场景和对话都是完全成体系的。"[34]

虽然露丝·帕克最伟大的作品出版于她三十出头时，但从写作风格上看，她更接近经验派。《南半球的爱尔兰人》和《穷人的橘子》着重描写的是黛西家族令人难忘的人物角色，而非它的情节。《糊涂的袋熊》系列也是一样。一则评论这样描述露丝·帕克的写作风格："她像狄更斯一样探索怪人和戏剧。"帕克自己也强调了塑造人物的重要性，她说："人物必须，而且绝对要走路、说话并为自己思考。"当谈到是什么让她的写作与众不同时，帕克说："全世界有很多小说，其中的人物只会说话和做事。对于正统流派而言，这当然已经足够了。但是在真正和永恒的写作中，人物一定要有特色。"[35]

为了用现实主义的方法塑造任务，一些经验派走向了极端。例如，凯特·格伦维尔的研究是如此的细致，以至于其最著名的作品《我的秘密河流》出版时，还专门配置了一本详解书中历史的研究手册。在《中尉》中，格伦维尔为自己拟了一条规定，即书中的全部对话必须在第一舰队士兵威廉·道斯的笔记本中出现过。[36]

和其他经验派创新者一样，格伦维尔的写作侧重于人物的刻画而非情节的设置。在一次采访中，她直截了当地说："史蒂芬·金说情节是判定平庸写作的最高法院，我赞同他的说法。"她提到，在写作过程中，自己笔下的人物活了过来："我开始动笔写的时候，脑子里只有关于某个人物的模糊想法，但随着写作的进行，这个想法就慢慢清晰了。"[37]

经验派小说家彼得·凯里则从历史和大自然中汲取创作灵感。他的小说《凯利帮真史》是受到"凯利帮"的启发，《主仆美国历险记》脱胎于法国政治思想家阿历克西·德·托克维尔的故事。或许，凯里有一本小说受到另一位伟大的经验派创新者查尔斯·狄更斯的影响，也不是偶然事件。他的《黑狱来的陌生人》改编自狄更斯的经典名著《远大前程》。和格伦维尔一样，凯里的巅峰期来得比较晚。他在45岁和

58岁两度荣获布克文学奖。而概念派创新者乔伊斯和菲茨杰拉德则在二十多岁时就写出了自己的巅峰之作，在同样的年纪，经验派创新者尚在寻找自己的声音。实际上，凯里在二十多岁时写了5部小说，但没有一部出版。

琼·林赛和诺曼·林赛都是以其多样化的创造力见长。琼·林赛以前学习绘画，直到婚后才开始执笔写作。她主要创作短篇故事、戏剧和纪实作品，到71岁高龄才出版她的惊世杰作《悬岩上的野餐》。[38] 和尼克·凯夫一样，诺曼·林赛的才华横跨多个令人瞠目结舌的艺术领域。据说他四十多岁时，会在每天吃早餐前画一幅水彩画，下午3：00前则一直专注于创作蚀刻画，晚餐前的时间会用于雕塑。直到晚上，诺曼·林赛才会拿起笔，继续写自己最新的小说。诺曼·林赛的写作，与其说经过了深思熟虑，不如说是一种探索。他创作《魔法布丁》是为了分散自己对"一战"的恐惧，因为在那次战争中，他失去了自己的兄弟。[39]

最后我要提到的是蒂姆·温顿。目前为止，他最受欢迎的小说是《云街》。《云街》在我收集的三个榜单中均名列第一位。自然环境在温顿的小说中担负着极其重要的角色，云街的原型是西澳大利亚海岸线。正如温顿自己所言："地点是第一位的。如果一个地方不能引起我的兴趣，我就不能感觉到它，就不能感觉到它里面的人物，不能感觉到那些人在做什么，或者想要做什么。"温顿的故事情节很精彩，但从根本上来说，人物性格的发展仍是小说的核心。这些人物有时候会在不同的作品中出现，例如奎尼·库克森就同时出现在了《浅滩》和《呼吸》两部作品中。温顿说："我很喜欢让这些人物靠在门边，然后突然之间就到另外一本书里面去了。"[40]（另外一位经验派创新者威廉·福克纳的小说也运用了同样的手法。）

温顿如此形容自己的写作风格："我不是从一个大纲、一个情节或任何单一的事物开始写。我只是捕捉头脑中的一些闪念，然后你知道，等着看它最终会怎样。"温顿还表示自己的写作方法就是在书桌前枯坐上几个小时，祈祷思绪流动。温顿说，他动笔写《肮脏的音乐》时捕捉到的是"一些破碎的意象，一个裸体的男人抱着一颗猴面包树，一个女人走进一把吉他里面。"[41]他的故事带有强烈的自传色彩。如《岔路口》中某个人物所言："每个鲜活的经历，都来自于你的青春期。"

除绘画、音乐和小说外，格兰森的方法同样适用于澳大利亚其他创造性领域。在诗歌界，肯尼斯·斯莱赛属于概念派，而莱斯·穆雷则是经验派；在时装设计圈，克莱特·蒂尼甘是概念派，莉萨·霍则是经验派；在建筑界，约恩·乌松是概念派，沃尔特·贝理·格里芬是经验派。最近的一些研究甚至将这种二分法运用到了科学界，证明诺贝尔医学、化学和物理学奖的得主中，概念派的巅峰期也要早于经验派。[42]

常言道，世界上有两种人：一种人相信万事万物都能被一分为二，有的人则认为不能这样简单地分类。格兰森的方法没有完美地总结出创造的过程，但他给出了有的人年少成名，有的人大器晚成的部分原因。你甚至会发现自己也是其中的一类人。你是概念派，还是经验派？你究竟需要耐心等待，还是已经被自己的巅峰期抛在了身后？

第6章

为什么说学校是监狱最好的替代品？

枪支回购协议如何减少自杀事件？

为什么不法分子对非受害者造成的损害比受害者还要大？

无铅汽油对犯罪率有着怎样的令人惊讶的影响？

经济学家研究犯罪时，首要考虑的是激励：犯罪是否容易实施？被警察逮捕的几率是多少？被逮捕后的惩罚是什么？本章，你会读到传统的减少犯罪的策略，如增加警察数量和延长服刑期；你还会看到不那么传统的策略，比如提高教学质量，建立对囚犯更有威慑力的监狱和改革堕胎法案。我们会从澳大利亚两桩最骇人听闻的犯罪案件讲起，并分析它们引发的政策改革及其副作用。

1987年8月9日，墨尔本一个寒冷的周日夜晚，19岁的陆军军官学院前学员朱利安·奈特（Julian Knight）在克里夫顿山的皇家酒店喝了几瓶啤酒之后，将一把M14半自动步枪，一把鲁格10/22半自动步枪和一把莫斯伯格泵动式12号霰弹枪装进了背包。后来他告诉警察："我想知道杀人是什么滋味。"[1]

大多数子弹的直径不会超过1厘米，但它们在人身上袭出来的窟窿要比那大得多。其中一个原因是，子弹一旦进入你的身体，便开始"偏离轨迹"或旋转。[2]因为子弹有几厘米的长度，所以旋转造成的杀伤力比它直进直出要大得多。此外，子弹前端会产生被称为气压波的气垫，它在人体内造成的窟窿比旋转的子弹又要大许多。子弹旋转和气压波造成的结果，就是子弹进入身体时或许只会打出一个指甲盖大小的洞，但它穿过身体飞出时，则可以制造网球大小的窟窿。

子弹致死的方法有很多。由于心脏是人体血液循环的发动机，所以子弹直接击中心脏会造成灾难性的失血；如果子弹击中头部，由于气压波在脑部造成的损伤比在胸腔要大得多，所以它将轰掉大量脑组织，让整个大脑停止活动；如果子弹击中了主要内脏或中央动脉，造成的失血可以在几分钟内致死；如果子弹贯穿肺叶，被击中的人体内会形成气胸，并最终因为缺氧而死；甚至子弹击中腹部也是致命的，因为它可以造成败血症。

奈特藏身于拉姆斯登街角的隐蔽点，向开车驶向霍德尔街方向的人们开枪。起先，他击中了几辆车，造成数名乘客受伤，幸运的是没有任何人身亡。受伤者中包括维斯娜·马尔科夫斯卡和她的未婚夫佐兰·特拉杰科斯基，当时他们正在事发地点停车。然后奈特又把枪口对准了凯文和特雷西·斯金纳夫妇的汽车，车上还有他们的儿子亚当。特雷西被击中脸部，当场毙命。

不久后，维斯娜·马尔科夫斯卡试图下车逃走，被奈特发现并射杀。维斯娜倒地后，奈特对她又开了两枪。罗伯特·米切尔在过去帮她时，不幸中弹身亡。一分钟后，吉娜·帕帕约安努试图救人时，同样遭到射杀。

奈特接下来举枪射中了路过的司机杜赞·弗拉尼克，后者在车里因失血过多身亡。下一位受伤者是骑摩托车的肯尼斯·肖恩·斯坦顿，他被奈特击中了腿部。肯尼斯痛苦地在地上翻滚时，奈特再三向他开枪。后来，奈特在采访中说道："我不想他继续……被痛苦折磨，所以我又向他开了三枪，直到他停止尖叫。"

朱利安·奈特被警察制服时，他已经在街头疯狂杀戮了45分钟，

共射出超过100发子弹,最终造成7人死亡、19人受伤的惨案。

朱利安·奈特是我的二表哥,他是被收养的,我从未见过他。

1996年4月28日,星期天,继霍德尔街大屠杀9年之后,塔斯马尼亚人马丁·布莱恩特(Martin Bryant)将一把柯尔特AR-15半自动步枪、一把FN FAL步枪和一把USAS12号自动霰弹枪装进自己的汽车。[3] 他射杀了一对与自己父亲有家庭纠纷的老夫妇。然后他驱车到阿瑟港的旅游景点,背着装有AR-15半自动步枪的蓝色运动背包,走进了当地著名的黑箭咖啡厅。咖啡厅里,布莱恩特叫了一份大餐,并迅速吃完,然后打开了运动背包。几乎是眨眼之间,布莱恩特就射杀了两名马来西亚游客(Moh Yee Ng和Soo Leng Chung),然后他开始在拥挤的咖啡厅里疯狂扫射。前15秒内,他就射杀了12名受害者。当布莱恩特离开咖啡厅时,他造成了20人死亡,12人受伤。出门后,布莱恩特继续朝停车场里大巴车周围的游客开枪,然后才开车扬长而去。

看到停车场入口的收费站时,纳内特·麦卡克对6岁的女儿阿兰娜说:"我们安全了,小南瓜。"当时她身边还带着3岁的小女儿玛德琳,她们正试图逃上山坡。然后一辆车在她们身边停了下来,从里面走出来的是布莱恩特。他把一只手放到了纳内特肩上,并命令她跪下。纳内特死前的最后一句话是:"求求你不要伤害我的两个孩子。"布莱恩特接下来杀死了3岁的玛德琳。布莱恩特朝试图藏在树后面的阿兰娜开了两枪,都没有击中。于是他走上前去,用步枪顶着阿兰娜的脖子,扣下了扳机。

在收费站，布莱恩特又杀害了4个人，并抢走了他们的车。在收费站旁边的加油站，他杀死了最后两名受害人，28岁的律师佐伊·霍尔和她的同伴格伦·皮尔斯。

我是佐伊·霍尔所在公司的暑期职员，她是我的良师益友。

阿瑟港惨案之后，新任澳大利亚总理约翰·霍华德（John Howard）联合州政府和地区政府，实施了更加严格的枪支管理制度。沃尔特·麦卡克是该制度最强烈的拥护者之一，他的妻子和两个女儿都惨死在布莱恩特的枪口之下。在悉尼禁苑的一个3 000人集会上，麦卡克说："就像你们知道的，三个月前的今天，我失去了活下去的全部理由。"

为了保证枪支管理制度能够真正减少武器数量，澳大利亚政府同步推出了枪支回购计划。从1996年年中到1997年年中，任何人都能把枪带到当地警局，换取一份合理的补偿金。最终，将近65万支枪被送到了警方手中。其中除了有泵动式霰弹枪和半自动步枪这类近期被禁止的非法武器，很多人似乎在利用这次机会"清理壁橱"。他们交上来的武器都是在持证情况下可以合法拥有的枪支，如点22口径步枪等。在澳大利亚北领地，警局甚至为一批"二战"时期的飞机加农炮支付了补偿金。调查显示，这次枪支回购计划，让澳大利亚持有一支以上枪支的家庭比率从15%下降到了8%。[4]

枪支回购计划能挽救人们的生命吗？作为一个和澳大利亚两起最严重的枪击惨案都有关的人，我一直很想弄清楚这个问题。然而，关于这个问题的公开论战简单得令人沮丧。一些反对持枪的竞选者把持

有火器的人称为"持枪狂热分子",他们很难理解为什么有人会热衷于收集武器、打靶射击和打猎。与此相反,枪支权利的拥护者则会说类似于"不是枪杀人,是人杀人"一类的话。但这种言论并不会让论战有所进展,因为按照他们的逻辑,人们也可以持有破片手雷、毒气瓦斯和地对空导弹。

在现居加拿大的澳大利亚侨民克里斯汀·尼尔的帮助下,我开始着手分析枪支回购计划的数据。**其中一个结论非常明确:枪支回购计划出台前的 10 年,澳大利亚每年至少发生一起大规模枪击事件(指有 5 人或以上人数遇难的枪击案)**。1987 – 1996 年,澳大利亚大规模枪击事件中的遇难者达 94 名。除霍尔德街大屠杀和阿瑟港惨案外,位于澳大利亚北领地和西澳大利亚的"蛮荒之巅",即北领地的昂佩里,维多利亚州的皇后街,昆士兰州的希尔克雷斯特,新南威尔士州的坎莉溪谷、萨里山、斯特拉斯菲尔德、特里格尔、坎盖均发生了大规模枪击案。[5]

枪支管理制度调整之后的 10 年中,澳大利亚一起大规模枪击事件也没有发生过。枪击事件之所以会急剧减少,运气的成分不足 1%。[6] 如果从是否防止了大规模枪击事件来判断,澳大利亚枪支回购计划无疑取得了极大成功。

虽然结果令人钦佩,但需要承认的是,大规模枪击事件的遇难者规模一直不算特别大。即便是最黑暗时期,在澳大利亚死于大规模枪击事件的概率,也与被雷电击中的概率差不多。[7]

尼尔和我决定把目光转向另外一种枪击致死的事件。我们发现,事实上,**世界上最想用枪结束你生命的人,是你自己;第二想用枪干掉你的人,是你的配偶;第三想用枪干掉你的是其他家庭成员、亲戚和熟人**。也就是说,完全陌生的人最不可能冲你开枪。所以我们决定研究枪支回购计划对持枪杀人和自杀的总体影响。

我们从两个角度来分析这个问题。第一，观察全国的趋势。我们发现，在执行枪支回购计划之前的20年中，尽管存在大规模枪击事件，但持枪杀人和自杀的比率已经出现了稳定的下降。某些数据统计分析指出，枪支回购计划可能让这一比率下降得更快一些，但想确认这一点十分困难，所以我们尝试了另外一种角度。

在澳大利亚，某些州的人均枪支回购数量要大于其他地方。于是我们提出了一个稍有不同的问题：**回购枪支数多的地方，其持枪杀人和自杀的比率下降更显著吗？答案非常明确：是的。**例如，枪支回购最多的地方是塔斯马尼亚岛，同时法院发现，那里的持枪自杀率下降得最为显著。另一方面，枪支回购最少的地方是堪培拉，而堪培拉的持枪自杀率下降得也最不明显。另外，我们没有发现其他形式的杀人或自杀事件（如刀具杀人和服毒自杀等）上升的显著证据。总体而言，我们估计澳大利亚枪支回购计划，每年拯救了至少200条生命，尤其是减少了自杀者的数量。[8]

但枪支回购计划的成本极高。大约5亿澳元的补偿金流入了枪支持有者的口袋。这值得吗？如果澳大利亚把这笔资金投入其他挽救公民生命的活动，如更安全的道路和质量更高的医疗服务，会产生更好的效果吗？以货币的形式来衡量枪口下的亡魂，对没有经济学背景的人来说，这显得有些残酷。我们怎么能够用金钱来衡量人的生命呢？但对经济学家而言，根据人们对医疗卫生和生命安全的支付意愿，估算生命统计价值有助于判断生命挽救措施的合理性。

澳大利亚政策制定者普遍参考的生命统计价值是250万澳元。[9]在此基础上，拯救200条人命的经济价值差不多就是5亿澳元，所以枪支回购计划每年产生的经济价值，也就和1996 – 1997年一次性

支付的补偿金额度相当。从枪支回购计划执行之日算起,该计划"自负盈亏"已逾 10 年。其大部分效益并非来自大规模枪击事件的减少,而是来自一个意外的方面:持枪自杀事件的减少。

尽管死于大规模枪击事件的人数相对较少,虽然阿瑟港惨案后的一个礼拜,澳大利亚有同样数量的人在车祸中丧生,但阿瑟港惨案造成的人群恐慌不应被忽视。[10] 然而,通常没有人将人群恐慌造成的真实社会成本纳入统计范围。

19 世纪哲学家杰里米·边沁是第一个提出犯罪会对非受害者产生影响的人。边沁认为,**一桩暴力犯罪会对受害人造成"最首要的伤害",但同时也会对其他群体产生"次级伤害"**。就像一些报道描述的那样,人们在出门时会刻意避开暴力案件的事发地点。有的人可能会花钱打造更安全的安保系统,有的人甚至干脆不敢出门。边沁提醒我们,犯罪的涟漪将扩散出去,其影响范围比事件本身要大得多。

对犯罪行为的恐慌,未必与犯罪行为发生的概率正相关。例如,最惧怕暴力犯罪的是女性,但遭遇暴力犯罪最多的却是男性。[11] 我们可能都认识几个对犯罪行为过度担心的朋友。或许因为人们对犯罪行为的忧虑会超过犯罪行为真正的危险,所以犯罪经济学非常严重地低估了恐慌的社会成本。

为填补研究上的空白,我和英国经济学家弗朗西丝卡·科尔纳里亚及美国经济学家娜奥米·费尔德曼共同进行了一次探索。[12] 本质上,我们的目标是在澳大利亚范围内检测边沁的理论。通过调查警方犯罪报告中的心理健康数据，我们发现，犯罪率的增长和非犯罪受害人更低的心理健康水平联系紧密。犯罪猛增时，附近地区非受害民众承受了更多的情绪困扰、紧张不安和抑郁。此外，我们发现媒体对犯罪的报道会让这种情况加剧，使得犯罪对人们心理健康的负面影响变得更严重。

这一发现结果似乎是在暗示，犯罪行为的影响比我们想象中要严重得多。作为社会共同体中的一员，我们都知道要减少犯罪，保护那些可能遭到强奸的人、可能被入侵的家庭、车辆可能被偷的女士，这样我们的孩子才能继续平安地步行上学，女士才敢出门慢跑，老人坐火车出行时才会觉得安全。

为了找到犯罪动机，我们先看看过去几十年澳大利亚的犯罪率。理想状况下，我们会考察一系列不同类型的犯罪行为，但是模糊的定义和报告率的问题会让一些犯罪行为的长期趋势变得不可信。（例如，现在媒体对家庭暴力的曝光比以前更频繁。）所以，我将把目光聚焦于一种受媒体报道干扰最小的犯罪行为：谋杀。

"二战"结束后，澳大利亚的谋杀率呈现出稳定增长的态势。20世纪40年代，每年澳大利亚每10万人中会有1人死于谋杀；而1988年，这一数值达到了2.4人的峰值。随后，澳大利亚的谋杀率又逐渐下降。20世纪90年代后，每10万人中的被谋杀人数少于2人。最近的数据表明，澳大利亚现在的谋杀率大概略高于1/100 000。21世纪的头10年中，一个人死于谋杀的概率差不多是20世纪80年代的50%。

是什么导致谋杀率下降？经济学告诉我们，国家政策通常会产生意想不到的副作用，所以我们将从两项减少犯罪的政策开始分析。这两项减少犯罪的政策你或许听过：流产合法化和推广无铅汽油。

两项政策的效果证据都来源于美国，美国和澳大利亚的犯罪模式

十分类似。在流产合法化的案例中,故事开始于 1973 年,那年,美国最高法院在罗伊诉韦德案中的裁定,实际上宣布了堕胎的合法化,并引起堕胎率的大幅提升。20 世纪 90 年代,暴力犯罪出现转折点,这一时期,罗伊诉韦德案之后出生的首批孩子正值青少年,而且随着这一代人步入犯罪活动的巅峰年龄,犯罪率持续下降。此外,美国少数几个在罗伊诉韦德案之前就宣布堕胎合法的州,也是犯罪率最先出现下滑的地区。斯坦福大学研究员约翰·多诺霍和芝加哥大学研究员史蒂芬·列维特推测,堕胎合法化对美国犯罪率的下降起到了非常显著的作用。[13]

我和贾斯廷·沃尔弗斯读到该研究后,决定在澳大利亚检测这一理论。[14] 尽管澳大利亚的犯罪数据不如美国那般完备,我们依旧发现了一些相似的趋势。澳大利亚没有颁布堕胎合法化之类的明确法令,但在这方面也做出过一些影响深远的改变。法院 1969 年在维多利亚州、新南威尔士州和 1971 年在堪培拉的一系列判决,实质上扩大了合法堕胎的适用范围。1969 年南澳大利亚和北领地立法机构也做出了类似的调整,也产生了相似的影响。

并不是每个地区都出现了这种法律上的改变。在塔斯马尼亚岛、昆士兰州和西澳大利亚州,整个 20 世纪 70 年代,堕胎的法律地位一直不甚明晰。但对于超过 67% 的澳大利亚人来说,20 世纪 60 年代末到 70 年代初,堕胎已经合法。在那之后的大约 20 年,澳大利亚的犯罪率也出现了下降。我和沃尔弗斯找到了一些证据证明,**那些谋杀案数量最先减少的地区,正是那些最早推行堕胎合法化的地区**。

这个发现引起了人们两种截然不同的反应。在美国,多诺霍和列维特在反对堕胎者和支持堕胎者那里两边不是人。在反对堕胎者看来,多诺霍和列维特是在宣称 6 500 例凶杀案的减少,可以抵消近一百万枉死胎儿的生命；而支持堕胎者认为，多诺霍和列维特是在宣称剔除社会渣滓的行动的确可以从子宫内开始。但在澳大利亚，我和沃尔弗斯研究结果仅在报纸上发表了一下就湮没无闻了。

然而我们应当注意，堕胎合法化对孩子出生数量的影响微乎其微，它只会改变孩子的出生时间。因此，堕胎合法化的主要影响，不是让每个家庭的孩子数量减少，而是让父母在做好抚养后代的准备时才开始生育。[15]

列维特在他和史蒂芬·都伯纳合著的《魔鬼经济学》(*Freakonomics*)中写道："当政府让一名妇女自己决定是否堕胎时，她通常都能准确判断自己是否做好了抚养孩子的准备。如果她认为自己没有做好准备，她多半会选择堕胎。"[16]

犯罪率下降的另一个原因是无铅汽油的推广。20世纪20年代，为提升燃料性能，世界各大燃料公司开始往燃料中添加铅。那时，人们只知道摄入大量的铅会导致中毒，但没有意识到微量的铅元素也会对人体造成损害，尤其是对儿童。

一些研究论文发现，血液中含有中高浓度的铅的儿童更加好动，注意力更加不集中，且容易冲动。长期暴露在铅污染环境中的儿童，他们的行为更难被控制，成年后也更容易犯罪。铅接触提高了儿童患上注意力缺陷多动障碍的几率，导致儿童智力发育迟缓，而且在成年后更容易作奸犯科。虽然早期的房屋装修用漆中也含有铅，但含铅油漆在20世纪50年代和60年代已逐步被淘汰，所以含铅汽油成了儿童面临的最大威胁。

分析美国的相关情况时，安默斯特学院的经济学家杰西卡·沃尔坡·雷耶斯注意到，1975 – 1985年，虽然《清洁空气法案》(*Clean Air Act*)把含铅汽油逐步淘汰，但每个州的做法会存在很大差异。[17]

当雷耶斯在 20 年后研究暴力犯罪的改变情况时,她观察到,最先开始降低环境中铅含量的州,犯罪率下降得最多。此外,这一影响和堕胎合法法案对犯罪率的影响是独立的。虽然堕胎合法法案也在同时期开始执行,但它和环境中铅含量的下降并非完全同步。

尽管直到 1986 年,澳大利亚才开始淘汰含铅汽油,但这一改革是在全国范围内同步实施的(让我不用像雷耶斯那样逐个比对澳大利亚各州的情形)。[18] 如果最终发现无铅汽油对美国和澳大利亚两国的犯罪率影响相类似,那么我们就可以推断,无铅汽油的普及是澳大利亚的犯罪率一直到 2005 年左右仍在持续下降的主要原因之一。可惜的是,雷耶斯表示,如果澳大利亚在美国禁止含铅汽油时就采取了同样的措施,那么数以万计的澳大利亚儿童将度过更加美好的童年,且可以避免数千起犯罪。

目前为止,我们讨论了三种以令人惊奇的方式影响犯罪的因素:

1. 枪支回购计划减少了枪口下的亡魂,其中减少最多的是自杀和家庭成员间的枪杀,而非大规模枪击事件;
2. 堕胎合法化之所以会减少犯罪,是因为这间接引导妇女在做好抚养后代的准备后才生儿育女;
3. 无铅汽油戏剧性地降低了儿童暴露在损害大脑发育的环境中的可能性。

关于犯罪率的政治辩论很少会关注这些看似不相关的方面。人们之所以拥护著名的州候选人劳拉·努德,通常是因为大家希望街道上能有更多的警察,监狱里能关更多的罪犯。所以,让我们回顾一下治安管理和惩罚措施是如何影响犯罪率的。

有关该课题的主要经济学研究显示,警察的数量和人身监禁都能减少犯罪。警察数量之所以影响犯罪,是因为巡逻的警察越多,罪犯被逮捕的几率就越高。警察数量每增加10%,犯罪率就会下降约4%。虽然20世纪70年代,澳大利亚的人均警察数量出现了上升,但从那以后就没出现过太大变动。[19] 很显然,最近几十年澳大利亚暴力犯罪的减少和警察数量没有太大关系。

监禁通过两个渠道减少犯罪:威慑和剥夺能力。威慑是指潜在的罪犯想到自己会被关进监狱,可能会打消犯罪的念头;剥夺能力是指在牢里的罪犯几乎没有再次犯案的可能。跟运动员一样,罪犯的职业生涯往往很短,并在20岁左右达到犯案的高峰。所以,如果把罪犯关上几年,就能戏剧性地减少他们终身的暴力犯罪倾向。总的来说,监禁人员每增加10%,犯罪率将减少约3%。[20]

虽然监狱可以在短期内减少犯罪,但我们不得不考虑这样做对社会产生的长期影响。最近几十年,澳大利亚在兴建监狱方面的投资可谓惊人。1991年,澳大利亚全国的入狱比率为每10万名成年人中有117名囚犯;2013年,入狱率上升到了10万名成年人有170名囚犯。每名囚犯每天花费纳税人将近300澳元,这和住在大城市的高档酒店的价格差不多。[21]

对澳大利亚原住民而言,情况甚至更糟糕。1991年,《原住民监禁死亡报告》(*Indigenous Deaths in Custody Report*)发布时,对社会产生了广泛的冲击。每10万名澳大利亚成年原住民中,竟然有1 739名囚犯。接下来20年,原住民的入狱率继续增长。2013年,每10万

名成年原住民中，有2 336人被关进监狱。[22] 在西澳大利亚，4%的原住民正在监狱服刑。尽管原住民的人口结构更加年轻，但进行相关调整后，我们仍然发现他们的入狱概率是非原住民的15倍。40%的男性原住民都在25岁左右被正式起诉过。[23]

　　从很多角度看，澳大利亚的犯罪率都出现了下降，所以在极大程度上，澳大利亚监狱人口的增长不是因为犯罪率的上升，而是由于法律的调整，比如更加严格的保释条款和更长刑期。[24] 后者可以更有效地剥夺罪犯的犯罪能力，但不见得更具威慑力。把刑期从5年延长到10年或许听起来唬人，但如果你面对的是一个活一天算一天的亡命之徒，或者用经济学术语，对方是一个有着高贴现率的人，那么刑期再长，对犯罪率也不会产生什么影响。**某种程度上，被惩罚的概率比惩罚力度更重要。**[25]

　　如果澳大利亚政府继续把越来越多的人关进监狱，那么它将重蹈美国的覆辙。美国监狱目前关押人数逾200万，超过了全美成年人口的1%。美国20－34岁未完成高中学业的男性的入狱率令人瞠目结舌：白人为12%，黑人为37%。这一数据是我随机截取的。如果你是非裔美国男性，且没有读完高中，那么你在35岁左右见识到监狱内部模样的概率为67%。[26] 相比服兵役或念一个正牌的大学学位，现在的美国年轻黑人更有可能被关进监狱。

　　当入狱率高到一定程度，监狱监督犯人改过自新的能力可能衰退，甚至很有可能变成滋生更高级罪犯的温床。澳大利亚刑期的平均值为3年，所以刑满释放的人员会发现，自己不仅很难找到一份工作，而且对自己不离不弃的人只有当年的狱友。现在监狱里的性侵犯可能没有20世纪90年代那么普遍，新南威尔士州的地方法官戴维·海尔珀恩估计，当时大约25%的年轻男性囚犯在监狱中被性侵过，这一概率可能高于监狱的高墙之外。[27]

有更多罪犯在监狱服刑，意味着更多的儿童父母被关押。尽管我们没有好好调查过囚犯的孩子，但一条粗糙的经验法则是，**监狱内有多少囚犯，监狱外就有多少囚犯的孩子**。也就是说，澳大利亚大概有3万名儿童，其双亲中至少有一人被关在监狱。尽管社会有专门针对这类孩子的服务机构，但我们都知道，囚犯的孩子的犯罪几率更高。[28]

还有什么方法能够降低犯罪率？为回答这个问题，我们要回顾一下澳大利亚几位著名罪犯的早期人生。

米克·加托是墨尔本黑帮战争中少数的幸存者之一，他曾两度入狱服刑。根据加托的自传，他在"大概六七岁"时正式开启自己的犯罪生涯，他当时对家人、朋友、游戏厅的弹球赌博机甚至隔壁消防站的消防员实施盗窃。然后用偷来的钱对更多的赌博机做手脚，并且胆子越来越大。渐渐地，加托在江湖上有了"南墨尔本恶魔"的名号。13岁那年，加托连续被几所学校开除，遭到父亲多次痛扁后，警察也开始找他的麻烦。加托回忆，那些唠叨的警察告诉父亲："你儿子的学校生涯已经结束了，他得开始去工作。"[29]

所有罪犯早期人生的共同主题都是被正规教育抛弃；声名狼藉的悉尼黑帮强奸犯比拉勒·斯卡夫14岁时被学校开除；杀人犯内迪·史密斯在自传中说，他最后一次看见教室是在13岁；阿瑟港惨案的主犯马丁·布莱恩特连读写都没学会就离开了学校。典型罪犯的教育经历通常不满10年，远低于社会平均水平。[30] 入狱后，这些罪犯继续完成学业的机会接近为0。只有不到33%的囚犯会被纳入一些教育计划。[31]

严谨的经济学研究认为，良好的教育计划和低犯罪率之间存在着因果关系。其中最著名的是20世纪60年代的"佩里学前教育计划"，

它证明，一名儿童如果在 3 − 5 岁期间接受了高质量的学前教育，那么他在 27 岁前犯罪入狱的概率会降低 50%。另一项随机实验也证明，在优质学校就学的孩子，接下来几年遭到警方拘留的概率会减少约 50%。[32] 这些研究都支持了那句古老的谚语："现在多建一所学校，将来少修一座监狱。"相比犯罪造成的高社会成本，为社会弱势群体建造优质的学校和育儿中心要划算得多。

教育方面的证据为政府制定预防犯罪政策提供了更开阔的思路：设计解决方案时应该更具创新精神；谨记传统方法未必就是最佳答案；在评估现行政策时应更客观，更具批判意识。我在悉尼生活的那段时间，最喜欢的广播嘉宾是犯罪统计与研究局局长唐·韦瑟伯恩。在经常由酸腐的理论家主导的辩论中，韦瑟伯恩冷静的声音及其对数据的恰当引用犹如夏日午后里凉爽的微风。而且当不确定某项政策是否对社会有帮助时，他也会坦然承认。

秉持同样实事求是的精神，华盛顿公共政策研究所的研究员对 571 条预防犯罪政策进行了专门研究。他们发现，效果最好的预防犯罪政策，通常是针对弱势群体的"护士家庭合作计划"和"高质量早期幼儿教育计划"等。对青少年而言，教育计划和攻击替代训练最为有效，而所谓"恐吓从善"计划，例如带他们去监狱参观，通常会引起青少年的反感。对成年人来说，职业培训和针对患精神疾病罪犯的防范训练最为有效。[33]

其他人则提出了各种各样的新奇政策，包括把高中上课时间从 9:00 − 15:00 改为 11:00 − 17:00，短期、强制且不可保释的监狱刑期，更严格地执行逮捕令，及对黑帮谋杀作出更强硬的回应等。[34] 同时，也有证据表明，对某些案件，恢复性司法（通过在犯罪方和被害方之间建立一种对话关系，让犯罪人主动承担责任消弭双方冲突，从深层次化解矛盾，并通过社区等有关方面的参与，修复受损社会关系的一种替代性司法活动。——译者注）能让受害人得到更合理的补偿，同时减少总体犯罪率。[35]

澳大利亚各州和私人监狱经营者签订的合约所造成的激励倒错（Peverse Incentives）也值得我们注意。这些合约与羊群代牧合约有着显著的相似性，即如果罪犯伤害了自己或他人，监狱经营者将会受到处罚；如果罪犯很好地完成了工作，监狱经营者会得到奖励。我们知道，监狱才不会像一扇旋转门那样引导人们通往新的人生。每年澳大利亚有近2万人出狱，其中大约一半的人会在未来两年"二进宫"。私人监狱合约中没有任何涉及罪犯刑满释放后的生活的条款，无论罪犯出狱后成为了健康阳光的劳模，还是杀人不眨眼的连环杀手，监狱经营者都将得到同样的报酬。那是非常奇怪的激励政策。

对一名经济学家而言，想要更好地经营监狱，更聪明的方法就是以最后结果为标准，与监狱经营者签订合约。[36] 举个例子，如果一名囚犯在出狱后没有再次犯罪，为什么不因此给予监狱经营者一些额外奖励呢？相比著名好莱坞电影《动物工厂》（*Animal Factory*）里的监狱经营者，教罪犯以慷慨、同情和谋生技能的私人监狱经营者当然应该从政府那里得到更多的钱。另外，私人监狱也应该以服刑人员释放后挣到的合法报酬为准，按一定比例得到奖赏。只要给出恰当的激励，私人监狱甚至可以给那些公共部门好好上一课，教教它们如何帮助罪犯改过自新。

22岁那年，我和澳大利亚参议员鲍勃·卡尔就刑事司法问题产生了一些分歧。卡尔当时是新南威尔士州的反对党领袖，他对悉尼满大街闲逛的帮派分子公开表示不满："他们把棒球帽反着戴。"作为1995年新南威尔士州工党候选人，我在澳大利亚工党大会上发言，而且把

棒球帽反着戴在头上。我认为,对犯罪行为采取严厉打击的政策,最终不过是把穷人关进了监狱。卡尔的论点是,穷人是最有可能犯罪的群体。我们双方的策略都没错。虽然我们都能找到白领犯罪的例子,但大多数犯罪涉及的确实是低收入受害人和低收入犯罪者。如果你关心消除顽固性贫困的问题,那么你也应该将目光投向更好的刑事司法政策上。

在本章中,我考察了最近几十年来一些导致犯罪率下降的意想不到的政策。枪支回购计划的初衷是减少大规模枪击事件,但它实际上的主要作用体现在减少持枪杀人和自杀方面。同样,堕胎合法化和无铅汽油的推广也在接下来的几十年中对减少犯罪起到了重大作用。

直至今日,太多刑事司法辩论都陷在"严惩罪犯"的僵化思维里。虽然把更多人关进监狱可以在短期内降低犯罪率,但无法谋生的刑满释放人员和因为父亲被捕入狱而缺少家庭关爱的孩子,会造成巨大的长期社会成本。今天的犯罪行为管理政策需要的是创新理念,以及严肃讨论它们的意愿。早期证据表明,教育是对抗犯罪行为的最佳手段。

迈克尔·库茨·特罗特在21岁那年因为密谋走私半公斤毒品而被关进监狱。[37]他当时已经对海洛因上瘾,但幸运的是并未服药过量,也没有遭到枪击,与他分享针头的人也没有携带HIV病毒。入狱时,特罗特的体重只有大约40公斤,且"因为毒瘾和缺乏睡眠变得像精神病人"。接下来3年,特罗特辗转于长滩、巴瑟斯特和帕拉马塔的最高安全级别监狱之间。

112

20年后,特罗特被任命为新南威尔士州教育厅教育总长。之前,特罗特在刑满释放后参与了救世军组织的一个服务计划,为期一年,然后为资深政治家迈克尔·埃根工作。

曾经同为囚犯的伯尼·马修斯说,特罗特"成为了那些仍然待在州监狱高墙铁丝网后面的人的榜样……只有极少数人能够凭借纯粹的勇气和决心,成功击碎刑满释放人员将再度犯罪的怪圈"。2011年新南威尔士州政府人事变动期间,特罗特留任高级公务员。[38]

出台正确的刑事司法政策并不容易,如果要选出这方面的先驱,那么她应该是澳大利亚。这个国家的人民早就向全世界证明,只要给他们一次机会,有犯罪前科的人完全可以和其他人一样优秀。

第7章

谁能有效打击恐怖主义？
金钱还是武器？

为什么贫困、贪污和恐怖主义总是相伴而生？
奥林匹克运动会如何走出第三世界悲剧？
比较优势的理念如何运用到国际援助当中？

杰奎琳·利马生于1989年的巴西坎皮纳斯市，一出生便无家可归。[1]母亲伊里内娅当时只有21岁，但酗酒成性，杰奎琳是她的第四个孩子。四个孩子分别来自三名不同的父亲。杰奎琳人生的前7年都是露宿街头。7岁那年，杰奎琳的姨妈把她送到了一家专门为女性酗酒者及药物成瘾者设立的康复诊所。在那里，她的HIV检测为阳性。

诊所为杰奎琳提供了抗逆转录病毒药物。10岁，杰奎琳第一次走进学校。最初，她很小心地向同学保密自己的病情，但后来，她向一名同班同学吐露了秘密。可惜，杰奎琳对朋友的信任只是一厢情愿。如她所言："第二天，所有人都知道我得了艾滋病。"

杰奎琳的老师没有放过这次机会，她请杰奎琳为班级写了一份关于性传播疾病的报告。报告帮杰奎琳找回了一些自信，并引导她加入了一个旨在帮助艾滋病毒携带者或患有艾滋病的年轻人的全国性网络组织。

毕业后，杰奎琳成为了一名餐厅服务员。一天晚上，她在公交车站和一位同事接了吻。她告诉对方自己患有艾滋病。对方则大笑着回应说："我爱你，小杰！我爱你！"刹那间，杰奎琳似乎看到了漫天灿烂的烟花缓缓下落,将她团团围绕。

他们决定要一个孩子。虽然这有风险,但他们都渴望有个孩子。医生调整了杰奎琳的药物,不久她的儿子埃托尔出生了,幸运的是,他没有携带艾滋病毒。杰奎琳说:"我的愿望是,像埃托尔这样的孩子也可以来到这个世界。"

即便是单剂量的抗逆转录病毒药物,只要在孩子出生时使用,就能大大降低孕妇把艾滋病毒传给孩子的几率。从杰奎琳出生到埃托尔出生之间的20年,世界发生了很大的变化。从前,发展中国家的女性根本没有机会接受抗逆转录病毒药物治疗,而现在,半数携带艾滋病毒的女性在生孩子时都会接受这种药物治疗。而如果没有国际援助,这一切都不可能实现。

我在由抗击艾滋病、结核病和疟疾全球基金在巴西圣保罗举办的会议上见到了杰奎琳,听她讲述了自己的故事。抗击艾滋病、结核病和疟疾全球基金成立于2002年,它向世界证明,富裕国家有希望联合起来应对人类有史以来面临的最糟糕的三种疾病。现在,它在全球的支出大部分用于预防和治疗结核病与疟疾上,用于抗击艾滋病的支出占20%。

全球基金的创立,也是一个失败的标志。过去半个世纪,发达国家在国际援助上投入了超过2万亿澳元,这几乎是意大利一整年的财政收入。然而在大多数接受最多国际援助的国家,效果却最不明显。

关于国际援助的辩论,发声最大的往往都是些狂热的空想家。赞成援助的一方,太容易对援助中的难题视而不见,比如援助食物会间接伤害农民利益,债务注销会伤害未来的借款国,绕过当地政府会伤害他们的政治体系等。相反,反对援助的一方则从苛刻的道德角度来看待这一问题:如果我一直给你钱,你就永远无法学会靠自己生存。

在本章，我们将从经济学的角度考察援助贫困的问题，看看经济学数据会带给我们怎样的答案。哪种类型的国际援助最有效？我们应该如何考量贪污腐败、"资源诅咒"（Resource Course，资源诅咒是一个经济学的理论，多指与矿业资源相关的经济社会问题。丰富的自然资源可能是经济发展的诅咒而不是祝福，大多数自然资源丰富的国家比那些资源稀缺的国家经济增长更慢。——译者注）和恐怖主义问题？比较优势的经济学原理对澳大利亚在国际援助方面的工作有哪些指导？首先，我们将从三个关于国际援助的谣言切入，这三条谣言分别是：一切的关键在于投入了多少资金，国际援助项目可以做到零贪污，以及国际援助和打击恐怖主义毫无关系。

谣言1：一切的关键在于投入了多少资金。杰弗里·萨克斯和威廉·伊斯特利在如何最好地解决世界贫困问题上的争论，是经济学中最有趣的争论之一。这场争论之所以有趣，不仅因为它涉及所有经济体最生死攸关的问题，也因为萨克斯和伊斯特利碰巧都是非常善于表达的人。就像美国职棒大联盟中纽约大都会队和纽约扬基队之间的历史恩怨，这场争论，也是纽约文化的结晶。讨论双方碰巧都来自纽约州的大学：萨克斯来自哥伦比亚大学，伊斯特利来自纽约大学。

最迫切的一个问题是，发展经济是需要一次"大推进"，还是需要渐进式改革？萨克斯更喜欢"大推进"，他的语气像牧师般抑扬顿挫，好像U2乐队主唱保罗·大卫·休森和安吉丽娜·朱莉都是他的朋友。他认为，世界上的最不发达国家掉进了一个贫困陷阱，只有加倍的国际援助，才能帮助它们摆脱困境。[2]萨克斯声称，国际援助在经济发展方面取得了惊人的成就，例如在"二战"后重建欧洲的马歇尔计划；但在政治方面，国际援助的结果惨不忍睹，例如美国和苏联在"冷战"期间为支持各自的独裁者而开出的支票。

威廉·伊斯特利戴着眼镜，留有灰色的胡子，他的形象更符合大众对学院派经济学家的想象。伊斯特利认为大量的国际援助打了水漂，我们应该采取更适度的、一步一个脚印的方式去帮助贫困人口改善生活。[3] 伊斯特利称，一个拥有良好意愿的垄断利益集团可能让被援助国收到成堆的审核清单，涵盖内容包括劳工标准、金融信息系统支出框架等。于是数百万澳元花在了这些动辄数百页的调查报告上，最终国际援助的重心从挽救生命变成了在表格上打钩。

人们之所以担心国际援助的效率问题，是因为被援助国无法通过投票的形式来拒绝糟糕的援助政策。这种礼物馈赠式的问题，有点像我们小时候抱着远房亲戚寄来的昂贵但无用的生日礼物，心想："要是给我这么多钱，我就可以自己买个比这好得多的礼物了。"公民可以通过投票来解决国内问题，但国际援助中的被援助国不能以投票的方式来拒绝糟糕的援助政策。即被援助国更迫切需要的是一条公路，而非一所大学，但如果捐助国一心想要帮他们建大学，被援助国也毫无办法。

为了衡量国际援助的效益，经济学家提出了这样一个问题：接受国际援助最多的国家，其经济增长是否更快？在20世纪90年代，一系列研究得出了一些模棱两可的结论。2000年，一份著名的研究报告发现，国际援助确实可以促进经济增长，但前提是被援助国有良好的财政、货币及贸易政策。4年后，另一项研究发现上述结论的基础并不牢固，只要扩大分析数据的年限范围，上述结论就不攻自破了。好像嫌事情还不够混乱似的，另一个研究小组发现，国际援助在世界最贫困的国家产生了相当的积极作用。他们发现，即使在政治动荡的非洲，被援助国的贫困率明显低于没接受国际援助的国家。[4]

所以，国际援助可能真的会刺激经济增长，但平均而言，它的效

果低于我们的预期。这意味着,国际援助的质量至少应该和它的数量一样重要。更多的援助可以为减少贫困创造更多的可能性,但千万不要以为这会自动发生,在学校基金和国防问题上也是如此。

谣言2:国际援助项目可以做到零贪污。纽约市的停车问题日益严重。作为联合国所在地,大量外交官都住在纽约市。由于国外代表可以享受免于诉讼的外交豁免权,20世纪90年代,面对他们违章停车并拒交罚款单的现象,市政府束手无策。

尽管所有外交官手中的权力都差不多,两位年轻的经济学家还是发现了一个有趣的现象。[5] 截至当时,不同国家外交官的未偿付罚款单数量存在着巨大差别。以5年为周期,来自印度、乍得和苏丹的外交官,平均每3周会积累一张未偿付罚款单,而来自澳大利亚、瑞典和日本的外交官根本不会有未偿付罚款单。研究人员发现,来自高腐败率国家的外交官,更容易动用自己的外交豁免权拒付纽约市开给他们的违章停车罚单。的确,富裕国家的外交官会偿付他们的违章停车罚单,但即使保持国家富裕程度不变,国家腐败程度越高,其外交官在曼哈顿也越倾向于拒付违章停车罚单。腐败文化的腐蚀力惊人的持久。

一个残酷的现实是,腐败和贫穷往往相伴而行。[6] 于是国际援助就出现了一个两难局面:援助国应该避免自己的钱浪费在错误的地方,还是应该专注于某些国家或项目的迫切需求?比起向韩国提供技术咨询的援助项目,在柬埔寨雇佣当地承包商修建公共厕所的援助项目更容易遇到贪污问题。但是,如果我们的目标是减少世界患病儿童的数量,那么在贫穷国家修建厕所就比为中等收入国家提供咨询建议要有效得多。

几十年来,国际援助官方组织都在力图减少世界贫困的同时,最大程度降低贪污腐败造成的损失。他们有点像想避免队员受伤的足球教练，但以避免负伤为重心的战术可能无法让球队取得好成绩。

发展经济遇到的一个难题是，贫困国家迫切需要大量的建设项目，如道路和港口。但是发展中国家的建筑领域，历来是臭名昭著的高危腐败区。这不是巧合，而是道路建设项目的一大特色。因为各个建设项目在细节上千差万别，一旦动工，合同条款肯定需要不断地谈判、修改。

对全世界的贫困地区而言，一条新公路意味着农民可以通向一个新市场，孩子可以上学，妇女可以去医院生产。在对抗腐败问题时，我们不能忘记公路为诸如印度尼西亚和菲律宾这些国家带来的便利。像经济学家一样思考，意味着我们也要权衡腐败成本，并把这笔账算清楚。

一项评估认为，澳大利亚每给出100澳元的国际援助，将被骗走3澳元。这个损失比澳大利亚在国内社会保障计划上的贪腐损失要小得多，甚至可能比澳大利亚商业领域的贪腐损失还要小。确实，澳大利亚审计员曾批评过我们的援助机构太过专注于避免腐败损失，甚至不惜停止向最需要资源的地区施以援手。[7]之所以出现这类问题，是因为援助欺诈更容易上夜间新闻，而一般的援助则不那么有话题性。

我们也有很多避免腐败的新想法。例如，英国援助机构很头疼一个问题就是：捐助给阿富汗警方的钱，在到达当地警察手里之前要经历层层盘剥。为应对这种类型的贪污，美国援助机构设立了一个直接把钱送到警察手里的体制，并将支付系统直接和警察的手机绑定。[8]在印度尼西亚，澳大利亚的援助不仅帮助他们建立了数千所学校，更为他们创立了防腐败机制。在建造学校的项目上，这套防腐败机制被印度尼西亚政府运用至今。我们应该像一名出色的足球教练一样，一

方面让自己的援助项目远离"伤病席",另一方面抗击贫困,而后者才是我们最应该做的。

谣言3:国际援助与打击恐怖主义无关。2013年的一次民意调查中,来自不同国家的穆斯林都被问到这样一个问题:以普通公民为目标的自杀式炸弹袭击中,是否有一些具备保护伊斯兰世界的正当理由?62%的巴勒斯坦人,27%的马来西亚人,6%的印度尼西亚人和3%的巴基斯坦人给出了肯定的回答。[9]

恐怖主义的肆虐,是我们这个时代的重要现实。在20世纪70年代,世界上几乎没有人死于自杀式炸弹袭击。而21世纪的前10年中,自杀式炸弹袭击已经杀死了超过1万人,其中包括纽约和华盛顿在"9·11"事件中的3 000名遇难者。

贫困和恐怖主义的联系有多紧密?过去,研究人员指出,一名典型的自杀式炸弹袭击者的教育程度要高于组织内其他成员。[10] 如果自杀式炸弹袭击者受过良好的教育,那么争论就来了:希望通过建造更多学校的方式来对抗恐怖主义简直是异想天开。

这一观点的问题在于它忽略了一个事实,即恐怖主义活动通常是群体行为而非个人行为。[11] 有证据表明,恐怖主义和社会公益服务存在着密切的联系。塔利班开设法庭、黎巴嫩真主党倡导垃圾回收、哈马斯集团建立卫生所,这些都不是巧合。他们通过提供社会服务招募新成员,并考验他们对组织的忠诚度。且由于社会服务可以随时撤销,恐怖组织可以利用当地的人口优势,降低内部人员泄露最新消息的可能性。

虽然这么说让人很难接受,但大多数自杀式炸弹袭击者并没有精神问题。对一些袭击未遂的自杀式袭击者进行的采访表明,他们绝大多数人由衷地认为,自己的行为将会给他们的社会带来好处。想要真正摧毁恐怖主义,我们需要让恐怖分子统辖下的人们相信,政府可以为他们的社会提供更好的服务。这就意味着,我们需要动用军队来保护兴建学校的援助人员,甚至在开学前几个月保护女学生的安全。

帮助发展中国家政府提供原本由反叛组织提供的社会服务,就能在帮助解决贫困问题的同时达到打击恐怖分子的目的。例如,20世纪50年代,时任埃及总统的纳赛尔就以把穆斯林兄弟会管辖下的学校和诊所网络收为国有的方式,暗中破坏了穆斯林兄弟会。通过直接提供电力、医疗等社会福利,政府可以改善年轻人的外部选择环境。这种镇压动乱的方法,被一位专家称为"武装的社会工作",因为它可以消解恐怖组织的势力基础。[12] 这种方法看上去或许不够酷,但非常有效。就如我将在下文中指出的,这是澳大利亚非常擅长的一种援助方式。

澳大利亚的国际援助工作应该以什么为重点?为回答这个问题,没有经济学背景的人或许会开始谈论自己喜欢的那些项目。对经济学家而言,这个重点必须能够让人们认识到,澳大利亚是世界上最棒的援助国之一。所以,我们需要考虑比较优势。

比较优势的意思是,每个国家和个人都应该专门做自己最擅长的事。假设我太太在讲故事方面比我强很多,但在做饭方面只比我强一点点,虽然她在这两项活动上都具备绝对优势,但最合理的分工是,我负责做饭,她负责哄孩子睡觉。**国际事务上,比较优势的原理认为各经济体应该"专注于自己的核心业务",而非试图生产自己想要的每样产品。**

比较优势与利他主义相辅相成。澳大利亚的收入约占世界总收入的2%，对解决世界贫困的贡献力量十分有限。从经济学的角度来说，国际援助需要进行一些棘手的权衡。如果不得不在资助杰奎琳治疗艾滋病、减少巴布亚新几内亚的腐败和在印度尼西亚修建学校之间做选择，我们应该如何决定？

比较优势的原理认为，澳大利亚应该专注于自己比其他国家更擅长的援助领域。我们首先要找出自己在解决贫困问题方面最特别的本领，提供其他任何援助国都无法提供的援助。

就像我观察到的一样，澳大利亚在国际援助上有三大比较优势。第一个比较优势是得天独厚的自然资源。鉴于资源诅咒理论，这一点尤为重要。因为从经验上而言，自然资源越是丰富的国家，越有可能成为独裁统治下的贫困国。之所以会形成资源诅咒，是因为丰富的矿产资源会诱使一个国家的独裁者争夺权力并窃取财富。从农业、工业和服务业窃取财富的难度相当大，所以类似钻石的资源是独裁者最好的朋友。

今天的刚果（金）就是资源诅咒的典型。20世纪90年代以来，刚果（金）国内的矿产资源之战就打得越来越惨烈。毫无人性的暴徒杀死了近500万百姓，强奸了近50万妇女，把刚果（金）推入了贫困的深渊。如果刚果（金）没有那些自然资源，相信绝大多数人民都可以过上更好的生活。

保罗·科利尔指出，如果我们能够帮助发展中国家更好地利用自己的资源，那么随之而来的财政资金就能让他们朝着更好的方向发展。[13]在发达国家，石油和矿产资源通常会惠及整个国家的人民。在大多数低收入国家，情况正好相反。

如果发展中国家可以从自己的矿产资源中受益，那么其他形式的国际援助都将黯然失色。平均而言，发达国家每平方公里的自然资源价值 114 000 澳元。[14] 换句话说，如果你在澳大利亚郊区有一栋占地 1 000 平方米的普通规格的房子（澳大利亚地广人稀，所以 1 000 平方米的家很"普通"。——译者注），那么你就相当于坐拥价值略高于 100 澳元的自然资源。

标准的 0.1 公顷（1 000 平方米）土地，听起来或许很小，但如果身处其中你会发现那实际上是很大一块地。假设非洲的矿产面积相当于整个欧洲大陆的大小，那么它的自然资源价值就是 3.5 万亿澳元，相当于它每年接受的国际援助的 70 倍。

而实际上，3.5 万亿澳元可能只是保守估计。西非拥有大量石油资源，中非则拥有大量的金矿和广泛用于手机制造的钶钽铁矿，南非则以盛产宝石闻名世界。

为帮助发展中国家更好地利用本国自然资源，一群企业家和前政要起草了一份《自然资源宪章》。[15] 该宪章旨在解决不同意识形态下，发展中国家该如何使用自然资源的问题，并为发展中国家人民过上更好的生活，提供切实可行的方案。

鉴于澳大利亚国内的矿业发展繁荣，且目前在非洲设立的澳大利亚矿业公司已有约 230 家，所以在帮助贫困国家更好地利用自然资源方面，澳大利亚具备明显的比较优势。

本章的一个建议是：保证人们可以跟着钱走。采矿业能提供一些工作岗位，那么开矿特许权的问题就变得非常重要。宪章鼓励开矿企业公开它们和政府达成的支付协议。这样一来，贪官污吏就没那么容易中饱私囊，公民也可以监督政府，要求政府把钱用在建设急需的基础设施上，如医院、学校和公路。

另一项重要的改变措施是，保证开矿特许权以公开竞价的方式拍卖。

经济学家喜欢拍卖，因为拍卖是保证某样东西以公平的价值卖出的最佳方法之一。科利尔举出了英国的案例。当年英国差点儿用谈判的方式将手机频段以20亿英镑的价格卖掉，后来政府举行了一场拍卖会，结果最终成交价格超过了200亿英镑。科利尔给发展中国家的建议很简单："如果英国财政部都差点儿犯下了这样严重的错误，你又哪里来的信心认为自己可以表现得更好呢？"

为了帮助发展中国家最充分地利用本国自然资源，政府也需要更多的信息。简单的经济学理论经常假设人们拥有"充分的信息"，但事实是，贫困国家的政府经常和一些掌握信息比自己更多的公司谈判。对于这一点，援助国可以帮贫困国家进行地质调查，并公开信息。当人们知道自己脚底下藏着什么宝贵的东西时，他们在谈判桌上也就更有底。

澳大利亚第二个比较优势是旱地农业（Dryland Farming）。作为一个在诗人口中满是干涸的河床、凋零的农作物和死去的家畜的国家，澳大利亚很容易忘记，在世界其他地方，农业是一件多么安稳的行当。但这也让澳大利亚农民更善于管理水资源、挑选强悍的农作物及牲畜，并科学地储存种子。如果有可能，澳大利亚应该对外输出旱地农业专家。[16]

提高农业生产力，对改善生活水平至关重要。20世纪60年代到70年代，全球范围内发生了一场"绿色革命"（Green Revolution），杂交种子、化肥、农药和除草剂相继诞生，大大提高了农作物的产量。一项评估表明，绿色革命让至少10亿人免于饥荒。然而，直至今日，非洲每公顷农田的产量还不到全球平均水平的50%，且非洲每年进口的食物比出口的食物要多得多。

其中部分原因是，非洲人往往使用更劣质的种子、更少的化肥和更少的农业机器。例如,在非洲大陆每868公顷耕地才拥有一台拖拉机,而全球平均每56公顷耕地就拥有一台拖拉机。非洲国家马拉维是一个成功的案例。

最近,通过采用优质的种子和化肥,马拉维的农业产量翻了一倍。我们应该仔细思考,马拉维的成功是否能通过比如创新融资的方式推广到其他非洲国家。帮助农民也涉及一个关键的性别因素,因为发展中国家70%的农民是女性。[17]

旱地农业的另一个隐含问题是价格波动。一些天气模型预测,非洲萨赫勒地区的降雨挥发将加剧。萨赫勒地区包含乍得和尼日尔,那里的人均日收入不到1澳元。[18] 靠近澳大利亚的一些国家和地区,如一些太平洋岛屿国家由于受海水侵袭,淡水资源和肥沃的土地更容易流失。一些人认为,援助机构应该与发展中国家政府合作,向农户提供干旱保险。[19] 澳大利亚干旱援助方案虽然也遭遇了一些批评,但把专门为本国农民设计的旱地农业方案慷慨予人,是澳大利亚国际援助工作人员绕不开的主题。

澳大利亚在国际贸易谈判上也能帮上忙。作为农产品的主要出口国之一,澳大利亚于1986年成立了由农业自由贸易国组成的凯恩斯集团。今天,在反对伤害发展中国家或本国农民利益的政策方面,澳大利亚有着浓厚兴趣。如果美国废除其乙醇补贴政策,或者欧盟决定采用基于科学的转基因食品耕种方法,那么发展中国家的农民将从中受益。

澳大利亚的第三个比较优势是恢复战后环境。从我们在东帝汶和所罗门群岛的经历看,澳大利亚拥有帮助战乱地区恢复常态的宝贵经验。在澳大利亚援助名单的前5名中,有4个国家经常被称为"脆弱国家"。[20] 适当介入战后环境,涉及一些微妙的协调措施。我非常喜欢新闻工作者罗伯特·格斯特讲的一个故事:[21]

　　索马里没有政府机构，除非你把一个仅在首都摩加迪沙控制几条街道和一小段海岸线的过渡机构算上。索马里其余部分被各方势力瓜分得一干二净。军阀们会榨干所有人身上的最后一滴油水。大大小小的宗族部落相互间进行血腥仇杀，他们经常为了殖民地时期积累的怨恨而斗得你死我活。极少数儿童有机会学习读书写字，实际上，所有有自尊心的年轻男子都整天扛着冲锋枪。

　　索马里的路障区多得数不清，我曾到过拜多阿附近一条沙地路的一个路障区。拜多阿是索马里南部的一座城市，它的石墙和街道早已被炮火轰成焦土瓦砾。当车辆经过，把守的士兵就会冲着它们挥舞冲锋枪，迫使其停下。大多数卡车，除了运输的原木和油桶之外，车篷顶上往往还坐着不少乘客。持枪者会命令所有5岁以下的儿童下车，把他们赶到附近的树荫下。在那里，持枪者会把孩子交给一些拿着写字板的陌生人，那些陌生人会掰开孩子的嘴，给他们每人喂一滴脊髓灰质炎疫苗。

　　罗伯特·格斯特描写的是世界卫生组织的疫苗接种工作。在索马里，世界卫生组织与当地军阀合作推广疫苗，算是两害相权取其轻。

　　援助脆弱国家需要相当的政治远见。2003年，所罗门群岛爆发内战。所罗门群岛的总理请求澳大利亚阻止这场毁灭性的灾难。数周后，由2 250名士兵和警察组成的澳大利亚维和部队，成功稳定了当地局势，并说服帮派领袖投降，在缴获数万武器的同时避免了当地人民的牺牲。[22]

　　在所罗门群岛首都霍尼亚拉郊外的主基地里，澳大利亚军人所拥有的,远不止高水平的军事素质和精良的武器装备。在处理最棘手的城市暴徒时,所罗门群岛的居民看到的澳大利亚警察几乎全都未携带武器。

让一个脆弱国家恢复稳定,最大的难题并非派出足够的军队来保护当地人民,而是不要用力过猛,导致人民纷纷倒戈加入敌对阵营。最近几十年,世界范围内的类似工作要么处理得太软弱,要么搞得太严厉。

1995年,在波黑城市斯雷布雷尼察,荷兰维和部队没能阻止一支塞尔维亚军队的前进,最终导致了斯雷布雷尼察大屠杀,8 000名男性平民丧生。这是"二战"结束后发生在欧洲境内最骇人听闻的暴行。2003年,美国对伊拉克的占领行动之所以宣告失败,其中最大的原因在于,美国派出了超过必要程度的军事力量,且疏离了当地的伊拉克人民。相反,1999年,澳大利亚主导的东帝汶维稳行动,以及四年后的所罗门群岛维稳行动,都在没有造成任何平民和澳大利亚军人伤亡情况下完成了所有目标。

每次维稳行动面临的情况都不一样,所以我们不能简单地把某一案例中的成功经验运用到其他地方。但我认为,澳大利亚的军队和警察,比欧洲强硬,比美国温柔。恐怖主义的崛起,导致军事、警务和国际援助的界限日益模糊,而澳大利亚非常适合处理这类情况。

例如,澳大利亚在阿富汗乌鲁兹甘省进行的面向平民的培训工作就完成得非常出色。该项工作开展前,当地男性和女性的识字率仅为8%和1%。教育是追求更高速的经济发展、更好的政府治理和更强大的防治极端主义的工具。虽然澳大利亚本身的男女比例并不完美,但我们的国际援助项目正在积极向发展中国家的女性领导人寻求合作机会。

  2004年圣诞节的最后一个工作日,印度尼西亚沿海发生了严重的海底地震。地震强度达到里氏9.2级,是有记录以来世界第三大地震。板块碰撞在海岸边掀起了30米高的巨浪。童年时期,我在印度尼西亚亚齐省生活过两年,那里离震中只有160公里。亚齐省的朋友向我的父母讲述了滔天巨浪如何从父母手中卷走了他们的婴儿。那次地震中,共有17万人丧生。

  当时,在斯里兰卡的安泊朗戈德镇,一辆火车正在卸载货物。在地方当局打电话给火车站长,想要警告他不要让火车继续沿着沿海线路前进时,站长由于太忙没有接听电话,结果火车就这样驶离了车站。由于没有手机,当局无法向火车司机发出警告。在一个沿海村落附近,海啸将火车像玩具一样掀离铁轨。车上的乘客无一生还。[23]

  2004年印度洋大海啸在世界范围内共造成23万人遇难,成为历史上最致命的自然灾害之一。2005年1月,由于没有发生其他重大新闻,几乎全世界所有的新闻媒体都对此次灾难进行了全方位的追踪报道。澳大利亚政府总计捐助资金14亿澳元,另外澳大利亚民众也自发筹集了救济款2.8亿澳元。全球共有140亿澳元的赈灾物资被送往海啸灾区。

  当时,很多评论员把这一现象归结于人类慷慨善良的本质。但是,**它和海啸发生的时间有没有关系呢?或换一种提问的方式:如果对灾难的报道,出现在报纸第10页而不是第1页,世界人民还会这么慷慨吗?**

  有两项经济学研究认为,答案或许是"不会"。在澳大利亚的一项分析中,研究者观察了一系列其他的海外灾难,并探讨了澳大利亚政府和全世界私人捐款数量与报道数量之间的关系。[24] 研究发现,二者之间呈显著的正相关关系。媒体对灾难的报道越多,公共和私人捐款也明显更慷慨。

可是,某些灾难之所以受到更广泛的报道,是否因为它们的毁灭程度更严重,灾民更艰难呢?我们怎么能够确定,那些额外的捐款是因为媒体讲了更多的故事,而非仅仅因为那些灾难更惨烈?

为了得出真正的因果关系,我们需要媒体分散一些注意力到和灾难无关的事件上。对此,两位瑞典经济学家想到了非常有创意的解决方案。[25] 他们没有直接以灾难为切入点,而是着手寻找一些可能转移人们对灾难注意力的国内事件。如果一个国家的注意力被自己的事情占据,它还会那么慷慨吗?两位经济学家把研究目光集中到美国最近30年对外救灾的记录上,他们分析了在举办奥运会、审判辛普森案或发生校园枪击事件期间,美国人对海外饥荒、火山爆发或洪灾的反应。

结果表明,当美国媒体被其他事件吸引,它们就会减小对国际灾难的关注。然后,这会直接影响美国政府的捐助行为。**发生在奥运会期间的灾难,只有当其伤亡人数达到普通灾难的3倍时,灾区才能从美国收到同样数量的捐款。**

媒体对国际灾难的报道似乎也会以其他方式影响国际援助。在澳大利亚和美国,相比饥荒和内战,媒体更喜欢报道像火山喷发和大洪水这种更具视觉冲击力的灾难。火山喷发中死去1人所得到的新闻曝光度,约等于饥荒中死去4万人挣得的新闻曝光度。地理位置的接近程度也很重要。发生在非洲的灾难,其死亡人数只有达到东欧某灾难死亡人数的40倍,才能得到与后者数量相当的媒体报道。

  这些研究对缓慢的非洲危机有着深远意义,如达尔富尔的人道主义危机。除了在一些严肃报纸的外交事务版面,达尔富尔问题(苏丹当地部族之间为争夺石油等矿产资源而展开的争斗。——译者注)很少能进入人们的视线,原因就是其在电视和报纸头条上的曝光严重不足。结果是,相比东南亚因为火山喷发而搬迁的移民,苏丹难民受到的国际援助要少得多。

  有时候,最需要国际援助的危机并不是最具有新闻价值的事件。印度洋大海啸之后几个月,尼日尔爆发的一场饥荒夺走了 36 万人的生命。**尽管死亡人数比大海啸要多,但尼日尔饥荒得到的媒体报道微乎其微,受到的国际援助也只有印度洋大海啸的 1%。**

  地缘政治因素也会影响国际援助的流向。之前,我提到杰弗里·萨克斯在观察"冷战"时发现,一些国际援助被用于购买维持苏美大国游戏的物资。甚至在今天,国际援助也被人用来左右选举活动。当一个发展中国家迎来选举年时,它通常会从和自己政治观点相似的援助国得到更多的援助。**当一个发展中国家赢得了联合国安理会的临时席位,它从美国得到的国际援助将上涨 50%。**[26]

  地缘政治和媒体曝光的同时作用,导致国际援助无法到达最需要它的地方。在日常生活中,我们经常会因为一些紧急事务而无法腾出手来处理重要事务。大家是否会为了喜欢的电视节目而搁置健身计划?是否在本应该撰写一份重要报告时去查看邮箱?或者是否仅仅因为修葺屋顶更麻烦而去花园里捡树叶?在国际援助问题上,许多生命正处于险境,所以做出正确的选择真的非常重要。

  像杰奎琳·利马这样的人,或许生活在离我们很远的地方,但我们仍然能够帮助他们享受一个更长、更健康的人生。此外,正如发展经济学告诉我们的一样,国际援助还会形成一些意料之外的影响。

比如，更好的社会服务可以阻止恐怖主义的蔓延。虽然澳大利亚无法终结世界上所有的贫困，但我们或许应该利用比较优势的经济学原理指引我们，帮助其他国家充分利用他们的自然资源，推广旱地农业，维护脆弱国家的稳定。

第 8 章

股票市场与天气,哪个更难预测?

为什么相比汇率预测师,
你更应该相信天气预测专家?
在预测奔富葛兰许干红葡萄酒方面,
经济学家会给我们怎样的启示?
我们是应该坚持提前预测,
还是相信临近预报?

2010 年 4 月，经济学家史蒂夫·基恩历经 235 公里艰苦跋涉，从堪培拉国会大厦出发，登上了澳大利亚最高峰科修斯科山之巅。基恩穿着一件 T 恤衫，上面写着"关于房屋价格，我大错特错！别问我是怎么知道的"。2008 年 11 月，基恩和麦格理集团的经济学家罗里·罗伯逊打赌，断言房屋价格会下跌至少 20%。实际上，2009 年，澳大利亚的房屋价格的上涨幅度超过了 10%。[1]

常言说得好：预测是很难的事情，尤其是预测未来。[2] 1825 年，曾有人预测火车行驶速度不可能超过 15 公里 / 小时，并写道："世界上还有比预测火车速度会达到马车速度两倍更可笑更荒谬的事情吗？"1912 年，无线电设备先驱伽利尔摩·马可尼宣称："无线电时代到来后，人类将永远告别战争。"两年后，"一战"爆发。2007 年，微软 CEO 史蒂夫·鲍尔默说："苹果手机不可能赢得一个可观的市场。"[3]

"经济预测的唯一作用，"哈佛经济学家约翰·肯尼思·加尔布雷思说，"就是让占星术更值得尊重。"本章，我们将分析澳大利亚人做出的经济预测。澳大利亚的专家们在预测诸如经济增长、通货膨胀、失业率和股票市场时会表现如何？经济学家在什么情况下才能提供有用的洞见？我们应该相信哪种类型的预测？

预测很重要。我们会根据气象学家提供的信息，来决定明天究竟是骑自行车上班还是乘地铁。政府需根据国际环境的威胁程度预测，决定投入多少国防资金，并根据人口统计学预测，决定在哪里新建一所医院。如果你正要进大学攻读本科学位，那么你很可能会想选一个几年后在劳动市场上供不应求的专业。掌握各种预测的可信度，关系着我们每个人的生活。

让我们从经济预测开始。如果你想要投资一门生意，那么知道明年的经济增长状况是绝对必要的。你应该雇更多的员工，买一辆新车，并扩大营销预算吗？做出正确的选择，你就可能把一门小生意做大。做出错误的选择，你就准备好和固定资产清理人好好谈谈吧。

为预测经济繁荣与萧条的周期，大量创新经济学理论不断涌现。"纸箱指数"的理论基础是75%的日用消费品都是通过纸箱运输的。因为各公司在运输产品前，必须先批量买入纸箱，所以该理论认为，纸箱是经济涨落的一个优良指标；同样的，"男士内裤指数"指出，因为内衣裤只会被少数人看到，那么一旦经济状况变得糟糕，内裤将是人们削减预算的第一件物品；一名评论员认为，和男性推迟买内裤相似，在经济困难时期，人们会比平时多开10 000公里汽车再进行汽车养护。[4]

其他理论更偏向心理层面。"裙角指数"指出，裙子的长度会随着经济繁荣而缩短，随着经济衰落而延长。这一理论的拥护者指出，喧闹的20世纪20年代，女性的裙子比20世纪30年代"大萧条"时期短，且迷你裙是20世纪60年代经济大繁荣时期的产物；"音乐指数"则指出，经济不景气的时候，人们更喜欢听舒缓、浪漫的音乐；"杂志插页指数"称，

经济困难时期，杂志模特更高、更老，腰也更粗。[5]

可是当研究人员认真审视这些理论的时候，根本找不到多少可以证明它们确实能够预测未来的证据（例如"裙角指数"对经济状况的预测似乎早了三年）。但是，如果我们撇开这些脑洞大开的群众智慧，将目光投向商业评论员，又会发现怎样的结果呢？商界权威能够预测未来吗？

1979 年以来，大概每 6 个月，澳大利亚《时代报》（Age）就会采访一些著名的评论员，请他们预测未来的经济发展形势。可惜这些评论员没有一个人捍卫了自己的荣誉。1988 年 12 月，《时代报》邀请了 42 名评论员对 1989 自然年的经济增长状况做预测，他们的答案从 0.8% 到 3.75% 不等。而实际上，当年澳大利亚的经济增长率是 4.6%。

1990 年 7 月，《时代报》再次邀请了 38 位评论员预测 1990－1991 财年的经济增长率。这 38 位评论员中，有很多人都错误地预测了 1989 年的经济发展状况。这一次，他们的答案从 0.5% 到 2.8% 不等。最后的结果是，当年澳大利亚的经济萎缩了 0.8%，财政部长保罗·基廷把这次经济衰落形容为"不可避免的衰退"。对一个国家来说，如果能够准确预测经济发展，就可以迅速采取措施，以避免经济像 20 世纪 90 年代那样硬着陆。

两年内，澳大利亚的经济评论员让人们吃惊了两次。没人预测到 1989 年的经济会出现快速增长，也没人预测到 1990－1991 年的经济会出现萎缩。1998－1999 财年，澳大利亚的经济增长速度再次超出了《时代报》邀请的 28 位评论员的预测。2007 年，《时代报》把评论员们对接下来一年的预测总结为"美好的时代在咆哮"。然后 2008 年金融危机爆发，澳大利亚的经济增长速度比 21 位评论员的预测都要慢。[6]

为了系统地评估预测的精确度，我们需要一个参照体系。在预测经济增长的案例中，经济学家往往会假设"明年的经济增长率和今年的经济增长率相同"，并在此基础上做进一步预测。你可以把这种方法想象为"鹦鹉学舌"，当你把今年的经济增长率告诉鹦鹉后，等别人问鹦鹉明年的经济形势会怎样时，它一定毫不犹豫地报出今年的数字。

经济评论员能够击败鹦鹉吗？是的，但优势不明显。预测经济增长时，一名典型的经济评论员的误差率是0.9%，而鹦鹉的误差率也不过1.1%。[7]换句话说，《时代报》选出来的那些评论员只比鹦鹉强2%。而实际上这是把所有评论员的预测数值进行平均之后的结果，也就是说太过悲观的评论员和太过乐观的评论员的错误可以相互抵消。所以说，如果单请出一位评论员，他在预测时击败一只鹦鹉的概率将微乎其微。

值得称赞的是，澳大利亚储备银行和财政部最近都发布了他们对经济的预测。在综合评估了他们的经济评论员在过去20年的表现之后，我们发现澳大利亚储备银行对未来失业率和经济增长率的预测，其准确度都不如只会报今年数字的学舌鹦鹉。[8]只有在预测通货膨胀率的时候，澳大利亚储备银行才能够轻松打败鹦鹉。

财政部的表现也同样令人失望。一次对财政部过去20年预测成绩的重要回顾发现，财政部在预测经济增长率时击败了鹦鹉，但预测通货膨胀率时失败了。[9]

如财政部高级宏观经济研究员戴维·格伦所言："经济评论员并不愚蠢，我们只是在尝试做一件很难的事情！"[10]干旱、中国的崛起和智能手机的普及彻底重塑了澳大利亚所有经济部门，甚至让出生率和死亡率也变得很难预测。2002年，财政部公开了第一份《代际报告》，这份报告关注的是澳大利亚人对一些长期挑战的观点。报告预测，2010年，澳大利亚的人口增长率会跌至1%以下。但当2010年真的到来时，澳大利亚女性生了更多的婴儿，国家也吸收了更多的移民，最终澳大利亚的人口增长率超过了2%。在2002年的《代际报告》中，财政部预测，到21世纪40年代，澳大利亚的人口将达到2 600万人。在2010年《代际报告》中，他们把这个数字提高到了3 500万。[11]这凭空冒出来的900万澳大利亚人是哪儿来的？

还有一些评论员将注意力放在了劳动力市场上，他们根据预测对政府的投资方向提出建议，并告诉人们应该追求哪种职业。可叹的是，他们也不比鹦鹉灵光多少。图8.1显示了1995年开始，评论员的预测结果和实际劳动就业率之间的关系。[12]这份报告尝试回答一个简单的问题：图中每个点所代表的17个行业中，哪个行业会出现最强劲的就业增长？

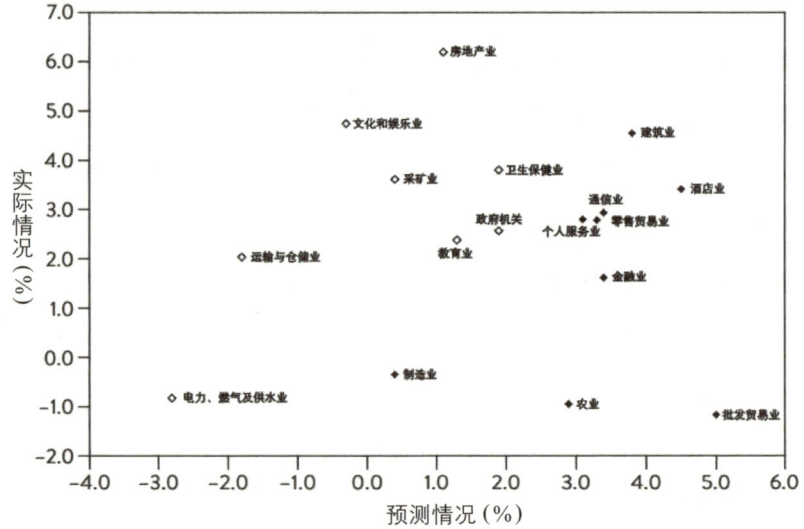

图8.1 预测就业率和实际就业率的比较

如果评论员的预测结果很完美，那么这些点应该呈严格的对角线分布，即预测的行业就业率下降1%，实际的行业就业率也真的下降了 1%；预测的行业就业率升高 4%，实际的行业就业率也真的上升 4%。但事实上，预测点几乎布满了整个坐标系。图中的实心点表示实际就业率增长速度比预测的更慢，空心点表示实际就业率增长比预测的更快。例如，专家预测文化和娱乐业的就业率将下降，但最终却增长了 5%；专家预测批发贸易业的就业率将增长 5%，但实际上却下降了。

另外一个预测错误的行业是采矿业，专家预测采矿业就业率会保持稳定，但最终增长了 4%。这反映出了当时那个时代的共识。1999 年的一份报告预测，采矿业就业率将下降。

确实，甚至博学的巴里·琼斯也在 2001 年声称："我们以为自己建立在采矿业之上的经济将繁荣昌盛起来，实际上，那是旧经济（Old Economy）。"结果在新世纪开始前，采矿业在整体经济的占比翻了一倍。[13]

对劳动力市场的预测，面临着与预测经济增长和通货膨胀同样的问题：经济是一个复杂的系统，会受到突发因素的影响。分析了美国的劳动力市场预测后，哈佛大学经济学教授理查德·弗里曼解释了预测之所以那么糟糕的原因："相比人口统计因素的微弱影响，劳动力市场更容易受到来自技术和贸易等领域的破坏性变革的影响。"[14] 弗里曼举了电脑程序员的例子。市场对程序员的需求，比 20 世纪 90 年代后期网络繁荣时期的预测要迅猛，但比 21 世纪头 10 年网络不景气时的预测要缓慢。确实，唯一可靠的劳动力市场预测在于专业技能：**失业率最低的人群是高学历工作者，所以想提高对未来劳动力市场预测的准确度，可以乐观估计社会对高学历员工的需求。**

还有一些专家宣称自己能够预测股票市场。经济学的一条基本理论是，在有效市场中，股票价格体现了公司的所有公开信息。因此，

股票价格的短期变化是不可预测的。如伯顿·马尔基尔在其1973年的经典著作《漫步华尔街》(*A Random Walk Down Wall Street*)中所言，"一只在报纸金融版上乱戳的蒙眼猴子选的投资组合的回报率和专家小心翼翼挑选出来的投资组合没什么区别"。[15]

马尔基尔给出的一个明确暗示是，投资者不可能从公开的信息中赚取额外收益。例如，澳大利亚婴儿出生率的提高，刺激了消费者对婴儿玩具的需求，但后续玩具制造公司盈利能力的增长，全部都已经被包含在了他们的股票价格当中。唯一能够保证你打败市场的方法是，你知道一条公司的内部消息（比如CEO将要辞职等）。但是，利用内幕消息进行股票交易属于违法行为，所以即使你是公司内部员工，也无法从中获利。

因为股票市场有效地包含了所有公开信息，所以即便消息最灵通的投资者也很难在市场中表现得格外出色。一项对澳大利亚活跃型股票基金的分析发现，他们通常仅以0.5%的优势击败市场。不幸的是，因为他们一般会收取1%的管理费，所以一家典型的股票基金的表现会比市场差0.5%。只有20%的活跃型股票基金打败了市场。[16]事实证明，股票预测专家的表现也相当令人失望。

但如果说有一群预测专家可以无意中让所有其他行业的专家看起来简直表现优秀，那一定是汇率预测专家。每一天，外汇市场上都进行着成百上千亿澳元的交易。在外汇预测中，哪怕你只有微弱的优势，也马上能大发横财。遗憾的是，没有任何人能够证明自己可以靠谱地预测汇率变化。2000年，澳大利亚前首席科学家罗宾·巴特哈姆认为，未来10年，澳大利亚的汇率会从50美分跌至30美分。[17]然而在随后10年，澳元升值了整整3倍。

大型银行的预测也漏洞百出。2009年，澳大利亚两家大型银行澳新银行（ANZ Bank）和西太银行（Westpac Bank）预测，澳元对美元的汇率将从 0.63 跌至 0.55。但实际上，汇率升到了 0.92。2011 年，资产管理专家萨瓦斯·萨瓦利预测，澳元对美元的汇率将在 2014 年超过 1.70。[18] 截至我撰写本书时，他的预测看起来也不太可信。如墨尔本商学院的马克·克罗斯比所指出的，"宏观经济学最稳健的一条经验是，名义汇率会随机游走"。换句话说，汇率上升和下跌的可能性永远是一半一半。

要想更直观地理解这一点，你可以假设自己确切地知道澳元将在一年内贬值。那么你将在今天把所有澳元存款换成美元，然后再在一年后换回来，这样你就赚取了一笔可观的汇率差。问题是，如果每个人都知道澳元会在一年内贬值，那么每个人都会做和你一样的事情。结果就是，澳元在今天就贬值了。

就像克罗斯比的警告："任何宣称可以预测汇率变动的私人预测模型，都是不可靠的。"对明天汇率的最好预测，就是今天的汇率。任何随机游走的变量都有同一个特点：预测它，就和预测硬币落下来时是正面还是反面朝上一样。

统计学家内特·席尔瓦撰写了一本以预测为主题的书。他认为，**天气预测专家属于少数有着优秀表现的预测职业**。平均而言，当气象局说明天有 20% 的概率会下雨，那么在 5 次这样的预测中，真的有一次会下雨。20 世纪 80 年代，天气预测专家只能提前一天预测天气，而今天的天气预报已经可以提前到 3 天。[19] 其中部分原因是，对于天气变化原理，我们有了更可靠的模型。这应该归功于更多的传感器和更快的电脑。我参与了澳大利亚国立大学全国最快速超级电脑的开发工作。那台机器比一栋房子还大。放置那些运行中的微处理器的房间，里面的气温堪比炎夏。澳大利亚国立大学超级电脑的主要任务之一，

就是提高天气预报的准确性。

所以，总体而言，预测专家都不太可信。但听上几天新闻，你的脑袋就会被五花八门的预测塞满。为什么我们一直对电视上的预测专家执迷不悟呢？问题的答案就在于经济学中的需求和供给原理。作为人类，我们对预测未来有着强烈的渴望，这是对高质量预测的需求。但是世界上没有那么多高质量的预测，所以低质量预测就填补了市场的空缺。

谁都想拥有一台神秘博士的时光穿梭电话亭，但最终我们只能向看手相的神棍和塔罗牌骗子求助。当这些预测专家一如既往地失败时，他们就会拿出早就准备好的理由："我差点就预测对了"，"如果不是发生了意外，我的预测就是正确的"或"再等一段时间，你就知道我说的是对的"。[20]

那么，我们怎样才能找到一颗可靠的水晶球呢？其中的一个解决方案是：踢开专家，改信久经考验的预测市场（Prediction Market，以预测为目的的一种投机市场。——译者注）。预测市场会集合大量个人信息，并根据每个人对事情发生的确信程度衡量其发生的概率。简单地问某位专家对未来事件的看法，你会发现"空谈廉价"。然而，当你问同一位专家，他愿意出多少钱赌其所预言的事情时，你就会知道他对自己的预测也没有多大把握。

过去10年中，有很多证据证明了预测市场的力量。用乔治梅森大学罗宾·汉森先生的话说："在任何竞争激烈的领域，相比其他从事预测的社会机构，投机市场的预测准确性绝不会更低，且通常都是更高的……赛马市场击败了赛马专家的预测，奥斯卡市场击败了专栏作家的预测，汽油需求市场击败了汽油需求专家。"[21]很多公司，包括通用电气、谷歌、惠普、诺基亚和辉瑞制药，都建立了自己的内部预测市场，以帮助公司高层做出明智决策。

一项对经济指数预测市场的分析发现，诸如就业率预测市场和零售业预测市场等"宏观经济派生物"的表现，至少不比预测专家专业分析的平均成绩差。另一项研究把目光放在了"流行性感冒预测市场"上，结果发现这一市场可以提前一个月准确预测流感的到来。[22]

体育行业的情况也是一样。为测试体育博彩市场的有效性，我参与了办公室里的澳大利亚橄榄球联赛（AFL）怡情小赌，我遵循一条简单的策略：观察体彩市场，然后支持里边最顺眼的球队。赛季结束，这一策略帮助我准确预测了77%的比赛结果。[23]我虽然没能在那场赌博中最后取胜，但成功击败了6/7的同事。如果我也在主流报纸上向人们提供预测，那么我的表现要超过大多数同行"专家"。[24]仔细思考一下，你会发现其实赌博市场击败预测专家没什么好奇怪的。如果你掌握了能够让你每周横扫数万澳元奖金的信息，你会在报纸上和人分享吗？另一项研究发现，网球预测市场可以准确预测比赛结果，并且对"破发"（在对手的发球局中取得胜利。——译者注）等事件进行快速反应。[25]

我们可以这样理解预测市场，即它会根据每个人对结果的信心来调整预测。你今晚想赌一下宏观经济指标吗？我猜你不会，因为你可能对此没有独到的见解。但那些敢于下大赌注的人，很可能是因为知道某些关于市场的确切消息就充满信心。预测市场并不完美，它只是比其他预测方法要好一些。[26]巨大的交易量已提供了足够好的估测基础，但套利机会仍然非常罕见。操纵市场非常困难，赌注往往非常趋近其自身的真实价值，因为掌握内情的人会非常乐意下很大的赌注。至于预测市场的运作原理是与赌博市场一样，还是与证券交易所一样，都无关紧要。

总之,预测市场是较为优秀的预测工具之一,我们可以更多地依靠它们。但有时候,我们会遇到一些根本就无法预测的事情。比如股票价格。我们知道,总体说来,股票是非常好的投资产品。确实,很多投资顾问都建议二三十岁的人,应该把自己至少一半的投资放入股市。但选中一只将要大涨的股票非常困难,哪怕对专家来说也是如此。所以,投资股票最聪明的方法就是,不要支付太多的钱给你的经纪人。相反,你应该把钱放到指数基金,这样盈利的可能性会更大。因为指数基金只会追随股市大盘。如果股市整体上涨10%,那么指数基金也会上涨10%,且收取的管理费非常少。实际上,活跃型基金和指数基金的主要区别并不在于它们能为你带来多少收益,而在于活跃型基金收费高,而指数基金收费低。

另外一个规避费用的方式是:不要频繁地交易。人们发现,对世界上大多数股票市场而言,买入并持有的收益率要比货币加权回报率更高。从20世纪70年代中期到21世纪前几年,澳大利亚股市的一只典型股票的年收益率为12.3%,[27]但股市中每一澳元的年收益率仅为11.7%。问题在于,投资者会在错误的时间交易,即在股价即将达到峰值前投入过多资金。投资者自以为可以预测下一只暴涨股,但实际上他们只是从一只流行股跳到另一只流行股,一路上给经纪人白付许多佣金。市场作为一个整体也是如此。当全球金融危机造成股价下跌,澳大利亚每20位退休金投资者中,有1位改变了他的投资选择,且多半是把股票换成了现金。如西澳大利亚大学金融教授保罗·格兰斯写道,这"意味着在那个时间点遭遇了市场衰落带来的双重打击,因为人们失去了从市场回弹获得补偿的机会"。[28] 相比那些自以为能够预测未来的人，更多投资者选择咬牙坚持。实际上，这和我们经常在超市遭遇的问题没有太大差别：如果你已经在收银台前的一支队伍中排了很久，那么临时换队很可能不是什么好主意。

针对预测专家的惨淡成绩，我们有一种更为谦逊的应对方式，就是更努力地去理解今天所发生的事情。谷歌的"即时预报"（Nowcasting）项目旨在提供经济与社会方面的实时指标。

如果你认为实时指标听起来毫无锋芒，那么我们有必要了解一下，我们现在的统计数据究竟有多滞后：流感的数据落后 2 周，失业数据落后 6 周，通货膨胀数据落后 8 周，经济增长统计则滞后整整 12 周。[29] 在经济形势严峻时期，我们根据这些数据制定政策，就好比开着一辆车往崎岖的山路下冲时，眼睛却紧盯着后车窗。

与之相反，谷歌的流感趋势统计可以提前预告流感高峰的到来。澳大利亚的消费者信心和大家在谷歌搜索新车的数据相关度非常高，同样令人意外的是，消费者信心和在谷歌搜索犯罪的数据相关度也非常高。英格兰银行的研究人员发现，英国房价会紧跟人们在谷歌上搜索房屋经纪人的频率而涨落。[30] 需要注意的是，每个案例中，我们做的都是"即时预报"，而非"未来预报"，但它总归比"盯着后车窗"要强。

从失业率调查中可以发现，2008 年中期，美国人对"福利"和"失业"的搜索达到顶峰的时候，美国的失业率正好超过 5%。在福利数据和劳动力调查完成前，网络搜索数据可以提前警告政策制定者，乌云正在聚集。对以滞后出名的财政政策来说，网络搜索数据可以在任何我们担心未来会出现经济衰退时派上用场。

除了可以用来观察失业人群，网络搜索数据还有一个有趣的功能，即它显示出失业者在搜索关键词上的不同模式（失业者大多是年轻人）。

谷歌首席经济学家哈尔·范里安发现,失业率上升时期,第一波搜索高峰的关键词和劳动力市场有关,比如"工作分类"和"失业津贴"。

第二波搜索高峰由一些新技术词汇推动,如"iPod 应用"和"免费铃声"。第三波高峰的关键词则与低成本娱乐相关,如"初级吉他谱"和"家庭健身教程"。第四波高峰的关键词是成人内容,如"成人影片"和"色情网站"。[31]

堪比伊丽莎白·库伯勒-罗斯的"悲痛五阶段"理论,谷歌的"失业四重奏"讲述了一个关于美国经济衰退如何影响普通人日常生活的感人故事。网络搜索数据或许无法帮助我们预测未来,但它能够告诉我们的事情也不少。就如信用卡公司必须依赖实时数据运营业务一样,当网络上的热门关键词突然从"会计专业录取分数线"变成"工程师专业录取分数线",澳大利亚的各所大学就应该有所警觉和行动了。

经济学不仅教育我们要当心专家预测,它也能通过新数据帮助我们更好地理解身边的世界。就如谷歌的"即时预报"让极客们跨入了一个诸如预测疾病暴发的领域,**葡萄酒经济学家们发现,他们可以通过数据预测还未诞生的酒的品质。**

等等,我听到你在说什么了。葡萄酒经济学家?是的,你没有听错。在 20 世纪 90 年代,普林斯顿大学经济学家奥利·阿申费尔特在葡萄酒界引起了一阵骚动,因为他发现,波尔多葡萄酒的价格和葡萄生长季节的天气模式高度相关。[32] 顶级酒类需要 20 – 50 年的时间达到顶峰,所以嗜酒如命的酒鬼们会投入相当大的精力来决定一种新品类的酒是否能成为陈年佳酿。阿德莱德大学的酒类经济学家凯姆·安德森讲述了这样一个故事：

> 奥利开始这项工作时，品酒师们被激怒了。奥利宣称，1989年和1990年的波尔多葡萄酒将脱颖而出。当时每个人都说"那很荒谬"，因为这和品酒师得出的结论完全不同。当然，最后事实证明，奥利的预测是正确的。但现在，如果你阅读一篇评酒文章，你会发现好酒总是包含了天气信息。所以品酒师接受了这个事实，你不仅能够凭味蕾分辨出酒的好坏，你还能根据天气进行判断。如果你不信，那就试试关注天气，忘掉你的舌头吧！[33]

出于对预测葡萄酒的可能性的好奇，我决定更新一下阿申费尔特和安德森的工作，尝试预测澳大利亚最著名的葡萄酒奔富葛兰许的品质。[34] 之所以选择葛兰许葡萄酒作为研究对象，是因为它不仅风靡全世界，而且拥有原料优势——它的原料来自南澳大利亚的葡萄园。[35] 通常，葛兰许葡萄酒的大年，阿德莱德西拉子酒的品质也会不错。

为检测二者之间的联系，我从气象局查到了天气数据，从凯姆·安德森那里查到了葛兰许葡萄酒的拍卖数据。[36] 然后我通过一种叫作多重回归的数学算法，研究天气对葡萄酒价格的解释力如何。最简单的答案是"非常出色"。平均而言，天气因素能够解释葛兰许葡萄酒拍卖价格3/4的波动。要知道，大多数葡萄酒的价格理论只能成功解释极小部分的价格差异。如我在第4章中提到的，人们的年龄、受教育水平和性别，只对他们的时薪差异有10%的影响。所以，能够解释75%的价格波动，意味着天气对葡萄酒价格至关重要。

　　模型认为,如果葡萄收获季节(1月和2月)的降水量比较少,且生长季节(10月到第二年3月)的气温越接近20摄氏度,同时保证温差不大,葛兰许葡萄酒的品质就越高。[37]仅凭天气数据判断,你就会知道1971年的葛兰许葡萄酒将是极品(事实上,1971年的葡萄酒确实被葡萄酒爱好者称为"史上最伟大的葛兰许葡萄酒"),而1972年的葡萄酒则很一般(大部分原因在于,1972年葡萄收获季节开始时降水量很大)。模型同样认为,气候变化会导致未来的葛兰许葡萄酒的品质下降(除非奔富集团大量从气候凉爽的产地采购葡萄)。

表8.1　根据天气数据对葛兰许葡萄酒的打分(总分10分)

葡萄酒生产年份	天气模型打分	专家打分
1993	10	6
1994	8	9
1995	7	6
1996	7	10
1997	8	6
1998	9	10
1999	10	9
2000	9	7
2001	2	9
2002	6	10
2003	2	6
2004	6	10
2005	10	8
2006	4	9
2007	2	7
2008	2	8
2009	9	NR
2010	1	10
2011	9	7
2012	5	NR
2013	4	NR

注:NR表示兰顿拍卖行没有评估。

但值得注意的是，由于天气数据每天都会更新，所以我用多重回归的方法不仅可以解释过去的葡萄酒拍卖价格，还可以预测哪一年产的葛兰许会在未来变成品质最高的葡萄酒。由于葛兰许葡萄酒需要至少 20 年时间陈酿，这给了我预测未来的机会。表 8.1 展示了天气模型对最近 20 年的葛兰许葡萄酒的评估；同时我还放上了主流葡萄酒拍卖商兰顿拍卖行的专家评估，以做比较。[38]

比较以上评估数据，发现的第一个不同点是，天气模型的打分从 1 分到 10 分都有，而专家的评估都在 6 分以上。这并不是说，1 分的葛兰许葡萄酒会比廉价葡萄酒差，只是说根据天气数据，1 分的葛兰许可能是过去 60 年中品质最差的。

天气模型和专家对 20 世纪 90 年代的葡萄酒评价还有一些相似之处，但对于最近的葡萄酒，双方的意见就大相径庭了。[39] 根据 2013 年的数据，专家对 2008 年的葡萄酒评价颇高，估值为 785 澳元。确实，罗伯特·帕克的《葡萄酒倡导家》（*Wine Advocate*）给它打出了 100 分的高分。但是，2008 年葡萄生长季节的平均气温为 21 摄氏度，仅比最佳气温高了 1 度，且当时天气变化频繁。于是，在满分 10 分的情况下，天气模型给 2008 年的葡萄酒打了 2 分。

双方对未上市葡萄酒的分歧更大。兰顿拍卖行把 2010 年的葡萄酒形容为"古典主义结构、完美混合的葛兰许"。[40] 我的天气模型则发现，当年葡萄生长季节的气温为 60 年来最高，平均气温为 21.5 摄氏度，且昼夜温差非常大。虽然没有尝过一滴 2010 年产的葡萄酒，但我认为它会是葛兰许有史以来最平庸的产品。因为天气模型给它打了 1 分。20 年后，2010 年产葛兰许或许会成为葡萄酒的主流，到时候我们就会知道，我的天气模型是否比那些"酒鬼"靠谱。

2001 年，我在美国华盛顿特区一家智库工作时，联合发表了一篇关于"数字鸿沟"的报告。观察了个人电脑拥有情况和互联网普及率的数据后,我们推测,到2005年,90%的美国家庭都会拥有一台连接互联网的电脑。那是一个大胆的预测,而且最后事实证明,它完全错了。甚至直到今天,美国拥有联网电脑家庭的比例仍然不到80%。[41] 确实,智能手机的崛起,让我们的推测看上去永远无法成真了。如果麦格理集团经济学家罗里·罗伯逊在2001年和我也赌了一把,我肯定也会发现自己穿着那件写着"关于数字化发展,我大错特错!别问我怎么知道的"的T恤衫,走在前往科修斯科峰的路上。

预测未来很困难,真的很困难。裙角和歌曲节奏不能预测经济增长,且预测专家的工作也不见得多体面,毕竟那一小撮国家顶级商业评论员,没有一个人预测到了1991年或2008年的经济衰退。股票价格、婴儿出生率和就业率很难预测,至于预测汇率,那根本就是不可能的事情。之所以如此,都是因为驱动它们改变的主要社会因素是一些破坏性技术和突发事件。当我对美国家庭个人电脑拥有情况做出错误预测时,我盯着的是过去的电脑普及率,然后把它和电视、录像机的普及率做比较。然而,我对智能手机的出现始料未及。

并非所有的预测都令人绝望。有的预测专家,比如天气预报员的预测是相当准确的。当然,这很可能是因为他们仅预测未来几天的天气,而非未来一年。天气报告甚至可以帮助我们预测高品质葛兰许葡萄酒的诞生。在其他领域,我们可以依赖预测市场等工具进行稍微靠谱一些的预测。有时候,我们需要意识到自己应该停止为那些失败的专家付费,比如活跃型基金经理,而应该专注于掌握今天的信息,比如谷歌的"即时预报"。正如优秀的经济学家所说,人们对高质量预测的需求,远超过靠谱专家的供给。菲利普·泰罗克专门研究过预测专家,他把拙劣的专家总结为一个词——教条主义。与之相比,泰罗克说:"优秀的预测专家能够进行建设性的自我批评。他们不会被'怎样才能让你相信你错了'这种问题搞得手忙脚乱。"[42]

再次套用英国哲学家以赛亚·柏林的著名比喻:比起知道一件大事的刺猬,预测专家更像是知道很多事的狐狸。[43]有时候,预测未来是一件令人绝望的事情(汇率预测专家要注意了),但很多时候,一只聪明的狐狸可以给你一颗更靠谱的水晶球。

第 9 章

多受一年义务教育，收入提升 10%

为什么阴天时我们更倾向于买黑色轿车？

一条清理桌面的备忘录怎样毁掉一名 CEO？

圣诞节的净损失是多少？

19世纪50年代，澳大利亚巴拉腊特淘金区的男女比例是3∶1，历史学家克莱尔·赖特阐述过这种"女人找老公就好比大把采野花"的环境的形成原因。那时候，淘金者经常会去码头晃荡，并竭尽全力引诱女性嫁给自己。一名女孩在给英格兰的姐姐的信中写道："到达这里几天后，我就收到了一位淘金者的报价，大概六七百英镑。然后又有一个林地居民出价600英镑……我可以得到一栋漂亮的房子、一个漂亮的花园，以及所有我想要的东西。"[1]

失衡的性别比例不仅可以让女性嫁给更富裕的男性，还会影响女性在婚姻中的地位。一位移民到淘金区的妇女在建议其他妇女时说："无论如何，你搬到淘金区的最坏结果是，在当地找个人嫁了，然后发现自己得到了相当于原来在英格兰20倍的尊重和呵护。"[2] 用经济学术语来说，在淘金区，女性资源十分稀缺，而男性资源则足够充裕。婚姻市场因此移动到一个新的均衡点，这种均衡对女性更有利，对男性则相反。

在某种意义上，你可以认为这本书受到了《赋格的艺术》(The Art of Fugue)的启发。德国作曲家巴赫以一个简单的D小调12音符为起点,通过反转主题、将音符长度减半、将音符长度加倍、循环演奏甚至就同一主题编写不同的版本等方式,最终完成了14首赋格和4首卡农。在写作本书时,我也是这么打算的——通过不同的场景来编排不同的经济学主题。这也是我在澳大利亚国立大学教授经济学导论课程时尝试的方法,目的是保证大家沉浸到这些伟大的观点中,并把它们运用到多个场景。[3]

一旦你开始像经济学家一样思考,你就会用一种不同的方式看待世界。比如进行权衡选择。因为经济学家总是在权衡,我们很少总结说这个全部是对的,或者那个全部是错的。实际上,我们给这种情况取了一个专门的名字:角点解(Corner Solutions)。从名字就可以知道,这种情况多么罕见。**让我们来思考这样一个问题:你应该多久收拾一次桌面?一方面,收拾桌面需要占用本可以用来工作的时间;另一方面,混乱的桌面又总是要你花时间找东西。那么,你应该让桌面呈现哪种状态?**

对必和必拓公司(BHP Billiton)CEO高瑞思(Marius Kloppers)而言,答案是"彻底干净"。2012年,高瑞思向公司在珀斯市的办公室下发了一份备忘录,禁止工作场所内出现盆栽、iPad和有异味的食物。[4]同时规定每天下班前,员工必须把桌面彻底收拾干净,电脑显示器上的所有便签条也都要撕掉。员工只允许在桌面上摆一个相框,尺寸不得大于A5纸张。

实际上,化学工程师出身的高瑞思是在推行一个角点解。但对很多必和必拓公司的员工而言,彻底干净的桌面和彻底混乱的桌面一样无效率。备忘录下发的7个月后,高瑞思卸任CEO。讽刺的是,虽然他很专注于效率,但这种对整洁的高层次需求恰恰会对生产力造成负面影响。[5]**对大多数人而言,最佳答案是,桌面上可以散落一些文件,**

但又不至于到摇摇欲坠的程度。

对权衡的思考，还可以用来决定孩子的入学年龄。目前，澳大利亚每 5 个孩子里，就有 1 个要在家里多待一年再去学校。没有经济学背景的人或许会问："孩子们准备好了吗？"经济学家则会这样问："选择哪个更好呢？是多一年游戏的时光，还是多一年职业生涯？"假设所有孩子都会在同一年龄退休，在家多待一年就意味着职业生涯缩短一年。为减轻你的担忧，经济学数据似乎并不支持你把孩子在家多留一年。[6]

经济学可以帮你拒绝盲从的自信。有一句著名的古话叫"赢家从不半途而废，半途而废永远不可能成为赢家"。但经济学家发现，在很多情况下，及时止损才是正确的选择。没有经济学背景的人经常犯的一个错误就是太执着于沉没成本，即没有意识到过去的决定是无法取消的。我的弟弟蒂姆曾中断大学学业，专门花 6 个月时间尝试成为一名职业自行车选手。他每周骑行上百公里，并开始赢得越来越多的赛事名次。但蒂姆知道，他不可能挤进最高级别的赛事，所以他果断退出了职业自行车比赛，回到学校继续读书。就像他告诉我的一样："看到那些愿意为一份职业合同付出一切的自行车选手，我突然意识到，对我来说，赢得比赛并不是世界的全部。想要进入那种级别的赛事，自行车必须成为我生命的唯一。"

芝加哥大学经济学家史蒂芬·列维特将这种方法描述为"快速失败"。[7]一旦你意识到这个世界没有什么事情是理所当然的，你就会鼓足勇气尝试大量不同的东西，并在无法得到结果的时候果断放弃。这不仅可以用在约会和职场中，也可以用在文化消费方面。泰勒·科文是著名经济学博客"边际革命"（Marginal Revolution）的主笔，**他认为大多数人太执着于把一本书读完。**[8]这样，你一生就会错过几千本

更有趣的书。那么，你为什么要在一本糟糕的书上空耗时间，而不是走进图书馆找一本新书呢？ 你可以自己猜测，为什么我要在这本书的结尾告诉你这点，而不是在前言中就告诉你。

经济学家总是会观察人们的"激励"。我们身边有太多的错误预测，因为专家受到的激励是变得有趣，而不是保证正确。很多发言人因为说话枯燥而失去了上电视的机会，但如果有任何人因为做出了错误预测而被观众抛弃，请你一定告诉我。在其他领域，专家也可能因为金钱利益而隐瞒真相，进而做出不可靠的预测。"激励"解释了为什么你应该付给你的理财师一笔固定费用，而非按次支付佣金。同时它也建议我们，无须太过相信品酒师列出的排行榜。例如，人们发现某主流葡萄酒杂志会给自己的赞助商生产的葡萄酒更高的排名。[9] 经济学家喜欢问这样一个古老的拉丁语问题：cui bono？意思是"何人得益"。

另外一个重要的经济学工具是"成本—收益分析"。本书中，我向你展示了如何把它用到各个领域，包括评出史上最佳板球击球手，决定是否更早上床睡觉，以及评估枪支回购计划的社会价值等。还有一些强大的工具可以帮助你做出更好的决策，甚至在一些令人不大愉快的主题上也是如此。比如，明尼苏达大学经济学家乔尔·沃德弗格发现，**收到圣诞礼物的人对礼物的估值，比送礼物的人买下礼物的价格低 18%**。换句话说，典型的圣诞礼物没有通过"成本—收益分析"的测验，至少从金钱的角度上如此。鉴于澳大利亚人每年要送出 60 亿澳元的礼物，所以实际上，每年圣诞节的净损失是 10 亿澳元。[10] 沃德弗格并非建议我们放弃在圣诞节送礼物，但他提醒我们，大家在揣摩他人需求方面，还有很大的提升空间。如果你和塞德里克叔叔不是特别熟，在今年圣诞节，相比送他一枚新奇的领带别针，你送他一张礼物卡或对他进行一笔慈善捐助或许更合适。

虽然有的工作我们自己也能做,但经济学家并不认为我们应该为花钱雇别人帮忙而感到尴尬。假设你最心爱的裤子破了,那么你就要考虑是自己缝补,还是花钱请别人来做。自己动手会花费一个小时,请别人来做则需要30澳元。除非特别喜欢做针线活,否则经济学家会问一个简单的问题:"我一个小时的时间值30澳元吗?"如果你的税后时薪是35澳元,那么我建议你请别人来帮你缝裤子。

比较优势的概念告诉我们,就算某位CEO自己冲咖啡的技术简直无与伦比,她最好还是请别人来帮自己准备早晨的咖啡。问题并非谁更擅长做这件事,而是谁在这件事上拥有比较优势。同样,澳大利亚应该净进口服装和电脑,净出口小麦和大学学位。澳大利亚的比较优势在于农业和高质量的教育,而其他国家的比较优势或许在纺织业或重复性工厂作业上。

行为经济学家告诉我们,人们容易过于专注于眼前,从而很难在减肥、戒烟或早睡上取得成功。过于专注于眼前,会让我们做出其他的错误判断。经济学家指出,如果在一个阳光灿烂的日子试车,人们更倾向于买一辆敞篷车;如果在夏天买房,人们则愿意为带游泳池的房子支付更高的价格;与之相反,人们在阴天更倾向于买黑色的轿车;填报志愿时,学生更钟情于在阴天里参观过的大学(晦暗的天色会增加学术活动的吸引力);其他研究发现,如果在肚子饿的时候逛超市,人们倾向于买更多东西;而在"性趣"被唤醒时,人们往往不太想用避孕用品。[11]

做出更明智决策的方法之一,就是聆听他人的深刻见解。虽然每个人都独一无二,但实际上你我和别人的差别并没有那么大。当被问到"你和别人有多少共同点"时,大多数人都会说"没多少"。当问题变成"别人和你有多少共同点",大多数人又会说"很多"。[12] 所以,为什么不吸取一下"群众的智慧"呢？比如查看亚马逊网站排行榜，查看消费者对餐馆的评论，以及在挑选专业之前咨询 10 位朋友的意见等。

在这本书里，我谈到了节食、约会、枪支、预测、贫困和绘画等话题。虽然讨论的对象在变化，但其中的主题一以贯之：**考虑激励，进行权衡，不要执着于沉没成本，运用自己的比较优势，在边际上进行决策。**

因为现在我们都是行为经济学家了，所以你应该意识到自己可能存在时间偏好不一致的问题，并决定什么时候像奥德赛那样把自己绑在桅杆上。现在，你已经准备好把经济学运用到生活的方方面面了。

致 谢

在研究经济学方面,我是个后来者。刚上大学时,我主修公共管理和法律课程。毕业之后,我做过企业律师、最高法院大法官迈克·科比的副手,并在英国和澳大利亚做过政治顾问。然而,当我越深入了解那些我感兴趣的问题——从如何减少澳大利亚的各种不平等现象到如何促进世界经济发展——我越觉得,如果不从激励、权衡、供求关系等角度深入思考,这些问题不可能得到解决。

我之所以能下定决心去哈佛大学肯尼迪学院学习,主要是因为我的高中同学贾斯汀·沃尔弗斯。在我认识的人中,贾斯汀和他的妻子贝齐·史蒂文森应该是最擅长把经济学原理应用于生活的一对。记得有一次,贾斯汀正准备给他们的孩子换尿布,他笑着对我说:"贝齐负责投入,我负责产出。"从20世纪90年代末开始,贾斯汀和我合著了很多专栏和学术论文,如果没有这份深厚的友谊,恐怕也没有你手上的这本书。

在哈佛大学学习经济学的第一个月,我就完全被它迷住了,于是很快从硕士念到了博士。在接下来的四年里,我向大卫·埃尔伍德、卡罗琳·霍克斯比、克里斯托弗·詹克斯等优秀的论文顾问请教,与拉吉·切迪、西玛·贾娅坎德莱、本·奥尔肯、埃米莉·奥斯特和乔纳·洛克奥夫等睿智的同学交流。此外，参加杰出的研讨会和在美国国家经济研究局授课的经历，也使我受益匪浅。

之后，我有幸加入澳大利亚国立大学的一个以研究为主的经济学家组织。有幸能够和埃利森·布思、鲍勃·博莱威尼格、布鲁斯·查普曼、黛博拉·科布-克拉克、保罗·福利特斯、鲍勃·格力格力、蒂姆·哈顿、沃维克·麦克吉宾、孟鑫和克里斯·莱恩，还有博士生保罗·博克、狄拉克·贾亚苏瑞亚、丹尼尔·舒雅达玛和米歇尔·唐共事，是一件非常愉快的事情。我有三个主要的研究助手，杰尼·杰斯特斯、苏珊娜·施密特和艾琳娜·瓦尔甘诺娃。同时，我也跟很多经济学家合作过，包括埃里森·布斯、伊恩·大卫朵夫、约舒华·甘斯、克里斯汀·尼尔和克里斯·莱恩。在对密歇根大学、纽约大学、墨尔本商学院和斯德哥尔摩工业经济研究所的访问中，我收获良多。

本书中的许多观点，都源于我为澳大利亚报纸撰写的一些专栏文章。感谢所有为本书英文版的出版付出汗水的编辑们，特别是《澳大利亚金融评论》的格雷格·厄尔、乔安妮·格雷、比尔·费桑特和本·波特。而且《澳大利亚金融评论》在 2007 – 2010 年，还邀请我撰写了一个定期专栏。同时，我也很感谢 ABC 电台节目《国内生活大小事》的主持人理查德·艾迪和制作人阿曼达·阿姆斯特朗，他们在 2009 年和 2010 年在节目中定期插入"路边经济学"部分。感谢蒂姆·明钦允许我们引用他的歌曲《如果我没有你》。感谢诗人奥登的遗作保管人爱德华·门德尔松允许我引用《漫步夜色中》里的诗句。

我并不是第一个为大众创作经济学作品的澳大利亚人，很多著名的经济学家，包括微观经济学家吉吉·福斯特、保罗·福利特尔、约舒华·甘斯、罗斯·吉丁斯和杰西卡·欧文，宏观经济学家安德鲁·查尔顿、蒂姆·哈克特和约翰·昆丁等都珠玉在前。如果研究成果不能通过文字传播，就不太会引起学者和记者的关注，不过幸运的是，在澳大利亚有一个介于这两种职业的强大队伍。

在写作中，我很感谢诸多研究员，包括帕特·科伯特、皮特·多伊彻、亚历山德拉·唐尼、玛蒂尔拉·吉利斯、伊利诺·席文特、特丽莎·玛茜、格里芬·墨菲、安德鲁·帕尔和亚瑟·孙。我的朋友桑迪·皮彻告诉我有关买衣服"每次2澳元"的经验法则。有关运动方面的建议，感谢鲍勃·格莱格里、古斯·里特尔、理查德·马尔斯和里昂·帕格。尼可拉斯·罗德经常更新最好的板球击球手排名，罗斯·布斯和杰夫·柏兰德热心地提供AFL俱乐部的支出数据。感谢一位匿名的同事，这里就称他为"马修"吧，他的故事在第四章。

里昂·伯克曼斯将自己尚未在《时代报》发表的经济预测材料，无私分享给了我。达米安·西克曼分享了他对赌博爱好者在斗鸡比赛中的行为分析成果，托马斯·麦克马洪分享了他对追求相同策略的行为的分析成果。吉姆·安德森分享了有关葡萄酒销售的预测数据和分析报告。克莱尔·怀特给我提供了金矿地区的性别比例数据，特别是贾斯汀·沃尔弗斯和黛博拉·库伯·克拉克重新塑造了我对家庭经济学的观点。

说到家庭，我的弟弟蒂姆·利允许我在第9章中讲述他的故事，我的父母，芭芭拉·利和迈克尔·利为本书的初稿提供了很多建议。其他经常给我提供指导建议的人还包括吉姆·安德森、埃里森·布斯、杰夫·柏兰德、鲍勃·伯莱维尼格、吉姆·查尔莫斯、安德鲁·查尔顿、狄波拉·库伯-克拉克、迈克尔·克鲁尼、迈克尔·库特斯-特洛特尔、马克格雷格·邓肯、保罗·福利特尔斯、迈克尔·福利勒夫、大卫·加勒森、约舒华·甘斯、唐亚·格里弗斯、尼可拉斯·格伦、科姆·哈蒙、杰西卡·欧文、格温妮丝·利、理查德·马尔斯、海伦·马克斯韦尔、朱莉·麦克凯、托马斯·麦克马洪、亚历克斯·米尔莫、米兰妮·波尔、约翰·昆丁、皮特·西米斯基、安妮·萨默斯、尼克·特尔利尔、蒂姆·瓦特斯和贾斯汀·沃尔弗斯。同样感谢艾伦和尤因团队，特别是我的出版人伊丽莎白·维斯、编辑苏珊·科尔和贝琳达·李、设计策划丽萨·怀特以及广告策划简·西曼斯。

我很庆幸能够与优秀的员工共事，并且感谢他们能够容忍我这样一个忙于写作的上司。作为国会议员，我经常忙于跟不同党派的国会议员讨论经济方面的问题。在工党内部，我也有幸跟一群认可市场经济强大威力但不受制于市场经济的议员共事。

感谢帕特里克·梅奥和张海伦，他们为本书的中文版翻译提供了宝贵意见。

最后，此书献给我伟大的妻子格温妮丝和三个活泼可爱的儿子，塞巴斯蒂安、西奥多和扎卡里。感谢你们对我的宽容和坚定不移的支持。就像奥登的诗作《漫步夜色中》中不朽的诗句：

> 我会一直爱你，
> 直到海枯石烂，
> 直到星移斗转，
> 如喧闹于苍穹。

注 释

前　言　撕开虚假面具，重新认识世界

1. M. Rowland, 'Women sit tight for $3,000 baby bonus', PM, ABC radio, 30 June 2004.

2. Quoted in J.Gans & A.Leigh, 'Born on the First of July: An (un)natural experiment in birth timing' ,*Journal of Public Economics*, 2009, vol.93, no.1–2, pp. 246–63.

3. Gans & Leigh, 2009. 'Born on the First of July'.

4. Gans & Leigh, 'Did the Death of Australian Inheritance Taxes Affect Deaths?', 2006, The B.E. *Journal of Economic Analysis and Policy*, vol. 6, no. 1, pp. 1–9.

5. Gary S. Becker, 1976, *The Economic Approach to Human Behavior*, Chicago: University of Chicago Press, p. 5.

6. A. Deaton, 'Letter from America: Random walks by young economists', *Royal Economic Society Newsletter*, Issue 137, April 2007.

7. See C. Bateson, *The Convict Ships 1787–1868*, 2nd edn, Glasgow: Brown, Son & Ferguson, 1969.

8. J. McDonald & R. Shlomowitz, 'Mortality on Convict Voyages to Australia', *Social Science History*, 1989, vol. 13, no. 3, pp. 285–313. Though important, the change in financial incentives was not the only shift.

Another change was that each vessel was required to carry a naval surgeon. For an extensive discussion, see Bateson, *The Convict Ships*, p. 145.

9. M.K. Chen, V. Lakshminarayanan & L.R. Santos, 'How Basic Are Behavioral Biases? Evidence from capuchin monkey trading behavior', *Journal of Political Economy*, 2006, vol. 114, no. 3, pp. 517–37. See also the earlier work testing price theory on rats and pigeons: J.H. Kagel, R.C. Battalio, H. Rachlin & L. Green, 'Demand Curves for Animal Consumers', *Quarterly Journal of Economics*, 1981, vol. 96, pp. 1–16.

10. My point is about expert economists. But empirically, it does not appear to be true of those who study economics at the undergraduate level. Surveys of economics students conclude that students studying economics were less likely than non-economists to point out an error in their favour, less likely to say that they would return money dropped by a stranger, and less likely to donate money to charity: R.H. Frank, T. Gilovich & D.T. Regan, 'Does Studying Economics Inhibit Cooperation?', *Journal of Economic Perspectives*, 1993, vol. 7, pp. 159–171. And as a Labor MP, I'm a little troubled by a new German study which finds that as economics students proceed through their studies, they are less likely to support the social democrats: N. Potrafke, M. Fischer & H.W. Ursprung, 'Does the Field of Study Influence Students' Political Attitudes?', Paper presented at the 2013 German Economic Association Annual Conference, Dusseldorf, Conference Paper 79934.

11. S.S. Iyengar & M.R. Lepper, 'When Choice is Demotivating: Can one desire too much of a good thing?', *Journal of Personality and Social Psychology*, 2000, vol. 79, no. 6, p. 995; S. Iyengar, The Art of Choosing, New York: Twelve, 2010, pp. 180–3, 189–90.

12. The myth was propagated in the 1958 Disney film *White Wilderness*, and debunked in 1982 by the Canadian Broadcasting Corporation's program *The Fifth Estate*. Disney producers used a record turntable near the cliff edge, which flicked the lemmings to their deaths.

13. This example is drawn from D. Ariely, *Predictably Irrational: The hidden forces that shape our decisions*, revised edn, New York: HarperCollins, 2009, p. 152.

第1章 只看颜值，找到真爱的概率有多大？

1. D. Field, 'Mt Isa Mayor welcomes ugly women', *The World Today*, ABC radio, 18 August 2008; Warrick quoted in S. O'Brien, 'Outrage after mayor's "ugly" behaviour', *The Age*, 18 August 2008.

2. I am grateful to Justin Wolfers for suggesting this analogy. It is also worth

noting another margin of adjustment, which is that Mount Isa could have significantly more gay men than lesbian women. To the extent that it is possible to determine sexuality from the Census, the statistics do not support this hypothesis.

3. More dating tips from Australian economists are outlined in J. Irvine, 'Dateonomics', Sunday Life Magazine, *Sun Herald*, 5 August 2012, pp. 12–13.

4. T. Hill, 'Knowing When to Stop', *American Scientist*, 2009, vol. 97, no. 2, p. 126.

5. G.J. Hitsch, A. Hortaçsu & D. Ariely, 'What Makes You Click?—Mate preferences in online dating', *Quantitative Marketing and Economics*, 2010, vol. 8, no. 4, pp. 393–427.

6. G.J. Hitsch, A. Hortaçsu & D. Ariely, 'Matching and Sorting in Online Dating', *American Economic Review*, 2010, vol. 100, no. 1, pp. 130–63.

7. RSVP, *Date of the Nation Report*, 2013, <www.rsvp.com.au>, accessed 24 February 2014.

8. M. Belot & M. Francesconi, *Can Anyone Be 'The' One? Evidence on Mate Selection from Speed Dating*, IZA discussion papers 2377, Bonn: Institute for the Study of Labor (IZA), 2006.

9. R. Fisman, S.S. Iyengar, E. Kamenica & I. Simonson, 'Gender Differences in Mate Selection: Evidence from a speed dating experiment', *Quarterly Journal of Economics*, 2006, vol. 121, no. 2, pp. 673–97. For example, Lin and Lundquist found that white men and white women with a university degree were more likely to contact and respond to a white dater without a degree than a black dater with a degree: K.-H. Lin & J. Lundquist, 'Mate Selection in Cyberspace: The intersection of race, gender, and education', *American Journal of Sociology*, 2013, vol. 119, no. 1, pp. 183–215.

10. B. Stevenson & J. Wolfers, 'Marriage and Divorce: Changes and their driving forces,' *Journal of Economic Perspectives*, 2007, vol. 21, no. 2, pp. 27–52.

11. B. Stevenson & J. Wolfers, 'Economic Growth and Subjective WellBeing: Reassessing the Easterlin paradox', *Brookings Papers on Economic Activity*, 2008, vol. 39, no. 1, pp. 1–102.

12. Homer, *The Odyssey* [800BCE] (1752), translated by Alexander Pope, London: Henry Lintot, Book 12.

13. Forty-six per cent of divorces are initiated by women, 24 per cent by men, and 30 per cent are a joint decision.

14. My analysis used data from the Household, Income and Labour Dynamics in Australia (HILDA) survey, and was based on taking those who were married in

2002 and comparing individuals who were married in 2003–2007 with those who were divorced or separated in at least one of those years. The exercise is inspired by Betsey Stevenson's 'divorce calculator' for the United States, *divorce*360, <www.divorce360.com/ content/divorcecalculator.aspx>, accessed 24 February 2014. HILDA was initiated and is funded by the Australian Government Department of Social Services and is managed by the Melbourne Institute of Applied Economic and Social Research. Neither organisation is responsible for the conclusions in this book.

15. A. Leigh, 'Does Child Gender Affect Marital Status? Evidence from Australia', *Journal of Population Economics*, 2009, vol. 22, no. 2, pp. 351–66.

16. Rates of sex-selective abortion in Australia are likely to be low: see Leigh, 'Does Child Gender Affect Marital Status?'.

17. B. Phillips, J. Li & M. Taylor, (2013), *Cost of Kids: The cost of raising children in Australia*. AMP.NATSEM Income and Wealth Report, no. 33, Sydney: AMP, May 2013. The estimate is $812,043 for a middle-income family, in 2011–12 dollars, which still rounds to $800,000 after accounting for inflation since then.

18. Using 2001 data, one study puts the cost of two children at $350,000: T. Breusch & E. Gray, 'New Estimates of Mothers' Forgone Earnings Using HILDA Data', *Australian Journal of Labour Economics*, 2004, vol. 7, no. 2, pp. 125–150. From 2001 to 2013, average female full-time ordinary time earnings grew by 70 per cent, so I scale this up to $600,000 (rounded to the nearest hundred thousand dollars).

19. Australian Bureau of Statistics, 'Same-sex Couple Families', *Reflecting a Nation: Stories from the 2011 Census, 2012–2013*, Cat. no. 2071.0, Canberra: ABS, 2012; Australian Bureau of Statistics, *Australian Social Trends—Same-sex couples*, Cat. no. 4102.0, Canberra: ABS, 2013.

20. D. Black, G. Gates, S. Saunders & L. Taylor, 'Why Do Gay Men Live in San Francisco?', *Journal of Urban Economics, 2002*, vol. 51, no. 1, pp. 54–76. While the authors focus only on gay men, their results are similar for lesbian women. In the interests of inclusiveness, I focus on both. The idea of applying this theory to Australia first came about through an opinion article that I wrote with Justin Wolfers: A. Leigh & J. Wolfers, 2002, 'If That City's Where the Boys Are, Then It Has To Be Fabulous', *Sydney Morning Herald*, 13 May 2002. Statistics on the share of same-sex couples in Australian cities are from Australian Bureau of Statistics, 'Same-sex Couple Families'.

21. Dan Ariely uses this example to discuss the difference between market and

non-market norms: D. Ariely, *Predictably Irrational: The hidden forces that shape our decisions*, revised edn, New York: HarperCollins, 2009, pp. 100–1.

第2章 交通事故中，SUV在救人还是在杀人？

1. This account is drawn from 'The Biggest Winner', *Australian Story*, ABC television, broadcast 3 July 2007.

2. This example is drawn from D. Laibson, 2010, 'Empirical evidence on quasi-hyperbolic discounting', lecture delivered at the American Economic Association meetings, Atlanta, GA, January 2010.

3. D. Read & B. van Leeuwen, 'Predicting Hunger: The effects of appetite and delay on choice', *Organizational Behavior and Human Decision Processes*, 1998, vol. 76, no. 2, pp. 189–205. The authors do not provide overall averages, so the figures I quote here are based on averaging the subgroup results in their Figure 1.

4. M.M. Scollo & M.H. Winstanley, *Tobacco in Australia: Facts and issues*, 4th edn, Melbourne: Cancer Council Victoria, 2012, Chapter 1.3, <www.TobaccoInAustralia.org.au>, accessed 24 February 2014.

5. R. Klein, *Cigarettes are Sublime*, Durham, NC: Duke University Press, 1994, p. 105.

6. R. Borland & J. Balmford, 'Understanding How Mass Media Campaigns Impact on Smokers', *Tobacco Control*, 2003, vol. 12, pp. ii45–ii52. Respondents were asked whether they were happy to smoke (8 per cent), or 'Should quit sometime, not soon', 'Open to possibility', 'Considering quitting, not in next 30 days, 'Planning, not in next two weeks', 'Quit date within next two weeks' (totalling 92 per cent).

7. For the cost of cigarettes, see Scollo & Winstanley, *Tobacco in Australia*, ch. 13.3; for a review of the relevant studies on the effect of prices, see D.M. Cutler & E.L. Glaeser, 'Why Do Europeans Smoke More Than Americans?', in D. Wise (ed.), *Developments in the Economics of Aging*, Chicago: University of Chicago Press, 2009, pp. 255–82.

8. Tobacco advertisements on radio and television were banned in 1976, and tobacco advertisements in newspapers were banned in 1990: Scollo & Winstanley, Tobacco in Australia, ch. 11; D. Germain, M.A. Wakefield & S.J. Durkin, 'Adolescents' Perceptions of Cigarette Brand Image: Does plain packaging make a difference?', *Journal of Adolescent Health*, vol. 46, no. 4, 2010, pp. 385–92.

9. Cutler & Glaeser, 'Why Do Europeans Smoke More Than Americans?';

Scollo & Winstanley, *Tobacco in Australia*, ch. 3.34.

10. Australian National Preventive Health Agency, *State of Preventive Health 2013*, Report to the Australian Government Minister for Health, Canberra: ANPHA, 2013, pp. 58–60.

11. X. Gin, D. Karlan & J. Zinman, 'Put Your Money Where Your Butt Is: A commitment contract for smoking cessation,' *American Economic Journal: Applied Economics*, 2010, vol. 2, no. 4, pp. 213–35.

12. B. Smee & N. Davidson, 'Tears for Alana and Stephanie' , *Newcastle Herald*, 13 January 2011.

13. New South Wales Government Bureau of Transport Statistics, 'NS Wand Sydney Transport Facts' , Sydney: Bureau of Transport Statistics, 2012. The estimate is based upon multiplying the average travel time per weekday (78 minutes) by the number of weekdays per year (260).

14. Seatbelts were compulsory in Victoria from 1970, in New South Wales, South Australia, Western Australia and Tasmania from 1971, and in the other jurisdictions from 1972; both random breath-testing and speed cameras were first used in Victoria; 50 km/h residential speed limits were first trialled by New South Wales in 1997, and Queensland in 1999; for example, driving 35 km/h over the speed limit in Queensland earned a fine of $180 in early 2003, but $513 by late 2013: more than double even after inflation (in New South Wales, the same offence attracts a penalty of $815—or $1028 in a school zone).

15. S. Peltzman, 'The Effects of Automobile Safety Regulation' , Journal of Political Economy, 1975, vol. 83, no. 4, pp. 677–725; S. Dickert-Conlin, T. Elder & B. Moore, 'Donorcycles: Motorcycle Helmet Laws and the Supply of Organ Donors' , *Journal of Law and Economics*, 2011, vol. 54, no. 4, pp. 907–35.

16. Australian Bureau of Statistics, 'Accidents, Injuries and Fatalities' , *Year Book Australia*, Cat no. 1301.0, Canberra: ABS, 2012. These figures include deaths of pedestrians and cyclists.

17. Figure for 1980 from A. Leigh, 'Safer for Owners, Not for Others' , Canberra Times, 4 July 2003; the latest estimate is 30 per cent from Australian Bureau of Statistics, *Sales of New Motor Vehicles*, Australia, Cat. no. 9314.0, Canberra: ABS, 2013. That source includes data back to 1994, when just 7 per cent of new vehicles sold were SUVs.

18. Crash statistics from S. Newstead, L. Watson & M. Cameron, *Vehicle Safety*

Ratings Estimated from Police Reported Crash Data: 2011 Update, Monash University Accident Research Centre report 304, Melbourne: Monash University, 2011, pp. 27, 37.

19. M. White, 'The "Arms Race" on American Roads: The Effect of Sport Utility Vehicles and Pickup Trucks on Traffic Safety', *Journal of Law and Economics*, 2004, vol. XLVII, no. 2, pp. 333–56.

20. Data for 1980 and 1990s extracted from the OECD Statistics database, available at <http://stats.oecd.org/>, accessed 24 February 2014. Recent figures are for 2011–12, drawn from Australian National Preventive Health Agency, *State of Preventive Health 2013*, p. 46; weight gain per decade from M.M. Finucane, G.A. Stevens, M.J. Cowan, G. Danaei, J.K. Lin, C.J. Paciorek, G.M. Singh et al., 'National, Regional, and Global Trends in Body-mass Index Since 1980: systematic analysis of health examination surveys and epidemiological studies with 960 country years and 9.1 million participants', *Lancet*, 2011, vol. 377, no. 9765, pp. 557–67.

21. For an explanation of trends prior to 1970, see T. Philipson & R. Posner, 'The Long Run Growth of Obesity as a Function of Technological Change', *Perspectives in Biology and Medicine*, 2003, vol. 46, no. 3, pp. 87–108. The authors argue that the shift towards more sedentary jobs applies across a broader timeframe, but subsequent work has shown that it is largely confined to the pre-1970 era. D.M. Cutler, E.L. Glaeser & J.M. Shapiro, 'Why Have Americans Become More Obese?,' *Journal of Economic Perspectives*, 2003, vol. 17, no. 3, pp. 93–118. In the US case, the growth in BMI from 1970 onwards would require the average American to have reduced their energy consumption by the equivalent of walking two kilometres per day. The time-use surveys do not show any such shift.

22. For example, Nutrition Australia recommends a daily intake for women of 9300 kJ (ages 19–50) and 8800 kJ (ages 51–70). For men, they recommend 11,500 kJ (ages 19–50) and 10,450 kJ (ages 51–70). On changes in actual intakes, see M.A. Allman-Farinelli, T. Chey, A.E. Bauman, T. Gill & W.P.T. James, 'Age, Period and Birth Cohort Effects on Prevalence of Overweight and Obesity in Australian Adults from 1990 to 2000', *European Journal of Clinical Nutrition*, 2007, vol. 62, no. 7, pp. 898–907.

23. For a discussion of the role of carbohydrates in weight gain, see G. Taubes, *Why We Get Fat and What To Do About It*, New York: Anchor Books, 2011.

24. It's worth noting that these technological changes have not altered the relative price of healthy versus unhealthy foods. See J.B. Gelbach, J. Klick & T. Stratmann,

'Cheap Donuts and Expensive Broccoli: The Effect of Relative Prices on Obesity', 2007, Florida State University College of Law Public Law Research Paper 261, Tallahassee, FL: Florida State University College of Law.

25. Cutler, Glaeser & Shapiro, 'Why Have Americans Become More Obese?' .26. According to a 2012 Nielsen Global Survey, 56 per cent of Australians are actively trying to lose weight: Neilsen, 'The Heavy Country: Twothirds of Australians think they are overweight', 21 February 2012, <www.nielsen.com>, accessed 24 February 2014.

27. Other dieting tips from Australian economists are detailed in D. Macken, 'No Sugar! I'm an economist', *Australian Financial Review*, 21–22 April 2012, pp. 52–3.

28. B. Wansink, D.R. Just & C.R. Payne, 'Mindless eating and healthy heuristics for the irrational', *American Economic Review*, 2009, vol. 99, no. 2, pp. 165–69; M. Bertrand & D.W. Schanzenbach, 'Time use and food consumption', *American Economic Review*, 2009, vol. 99, no. 2, pp. 170–6; B. Wansink & J.-Y. Kim, 'Bad Popcorn in Big Buckets: Portion size can influence intake as much as taste', *Journal of Nutrition Education and Behavior*, 2005, vol. 37, no. 5, pp. 242–5.

29. Wansink, Just & Payne, 'Mindless eating and healthy heuristics for the irrational'.

30. Quoted in S. Mullainathan & E. Shafir, *Scarcity: Why having too little means so much*, New York: Macmillan, 2013, p. 60.

31. D.J. Bartlett, N.S. Marshall, A. Williams & R.R. Grunstein, 'Sleep Health New South Wales: Chronic sleep restriction and daytime sleepiness', *Internal Medicine Journal*, 2008, vol. 38, no. 1, pp. 24–31.

32. H. Tattersall, 'Toiling Towards an Early Grave', *Australian Financial Review*, 22 July 2008, p. 59.

33. J.E. Biddle & D.S. Hamermesh, 'Sleep and the Allocation of Time', *Journal of Political Economy*, 1990, vol. 98, no. 5, part 1, pp. 922–43.

34. T. Lange, B. Perras, H.L. Fehm & J. Born, 'Sleep Enhances the Human Antibody Response to Hepatitis A Vaccination', *Psychosomatic Medicine*, 2003, vol. 65, no. 5, pp. 831–5.

35. C. Anderson & D.L. Dickinson, 'Bargaining and Trust: The effects of 36-h total sleep deprivation on socially interactive decisions', *Journal of Sleep Research*, 2010, vol. 19, no. 1, part I, pp. 54–63; T.H. Turner, S.P.A. Drummond, J.S. Salamat & G.G. Brown, 'Effects of 42 hr of Total Sleep Deprivation on Component Processes

of Verbal Working Memory', *Neuropsychology*, 2007, vol. 21, no. 6, pp. 787–95; S.-S. Yoo, N. Gujar, P. Hu, F.A. Jolesz & M.P. Walker, 'The Human Emotional Brain without Sleep—A prefrontal amygdala disconnect', *Current Biology*, 2007, vol. 17, no. 20, pp. R877–R878; truck driver quoted in A. Albanese, 'Long, Dangerous Road to Fair Go for Truckies', *Daily Telegraph*, 20 February 2012, p. 23. One estimate puts the annual cost of sleep deprivation in Australia at $5.1 billion: D.R. Mansfield, D.R. Hillman, N.A. Antic, R.D. McEvoy & S.M. Rajaratnam, 'Sleep loss and sleep disorders', *Medical Journal of Australia*, 2013, vol. 199, no. 8, pp. 5–6.

36. Australian Transport Council, National Road Safety Strategy 2011–2020, Canberra: ATC, 2011, p. 25.

37. K.M. Murphy & R.H. Topel, 'The Value of Health and Longevity', *Journal of Political Economy*, 2006, vol. 114, no. 4, pp. 871–904; life expectancy and income figures from Australian Bureau of Statistics, *Measures of Australia's Progress: Summary Indicators*, 2011, Cat. no. 1370.0.5.001. Canberra: ABS, 2011.

38. E. Feletto, F. Sitas, A. Gibberd, C. Kahn, M. Weber, P. Grogan et al., *The State of Cancer Control in Australia: Cancer Council NSW research report summary*, Sydney: Cancer Council NSW, 2013.

第 3 章　GDP 越繁荣，心脏病发作率越高？

1. *Australian Story*, 'Suddenly Last Summer', ABC TV, broadcast 11 March 2013, including the quote from cricket writer Peter Lalor.

2. Malcolm Knox, 2006, 'Making the Pitch', *The Guardian*, 29 October 2006; Gideon Haigh, quoted in *Australian Story*, 'Suddenly Last Summer', ABC TV, broadcast 11 March 2013.

3. N. Rohde, 'An "Economic" Ranking of Batters in Test Cricket', *Economic Papers: A Journal of Applied Economics and Policy*, 2011, vol. 30, no. 4, pp. 455–65 (the published ranking ended in 31 December 2010, but Nicholas Rohde kindly provided me with updated rankings to 24 November 2013). Specifically, for each innings Rohde subtracts the batting average of all batsmen (ie. players batting in positions one to four) who played in that year. This ensures that a player's ranking increases in innings when he plays better than the average batsman of his era, and decreases in innings when his performance is lower.

4. E. Bledsoe (ed.), *Getting Naked with Harry Crews: Interviews*, Miami:

University of Florida Press, 1999.

5. P. Kent, 'Four Players Sin-binned Following Dramatic Fight in State of Origin Game II', *Daily Telegraph*, 26 June 2013.

6. Accounts of State of Origin fights are legion. See for example P. Lutton, 'Origin's Best Biffo', *Brisbane Times*, 16 July 2009; S. Ricketts, B. Dick & P. Malone, 'The 30 Greatest Controversies in 30 Years of State of Origin Series', *Courier-Mail*, 23 May 2012.

7. K. Belson, 2013, 'N.F.L. Agrees To Settle Concussion Suit for $765 Million', *New York Times*, 30 August 2013; For comparative statistics on AFL and league attendances, see A. Leigh, *Disconnected*, Sydney: University of New South Wales Press, 2010.

8. S. Aiyar & R. Ramcharan, *What Can International Cricket Teach Us About the Role of Luck in Labor Markets?*, IMF Working Paper 10/225, IMF: Washington DC, 2010. The authors performed several tests to show that debuting at home or abroad is random. For example, they pointed out that, of Wisden's top ten batsmen of the twentieth century, five debuted at home and five debuted abroad.

9. J. Fingleton, *Brightly Fades the Don*, Sydney and London: Collins, 1949, p. 198. The calculation of Bradman's average if there had been no war is based on unpublished estimates from Bruce Chapman. Chapman estimated that in the period 1939–45, Bradman's average was 102.75.Over the four 'missing' tests, Bradman would have played an additional 28 innings, which would have increased his career average from 99.94 to 100.74. See N. Gruen, 'Bradman's Average Hits 100—Shock!', ClubTroppo, <http://clubtroppo.com.au/2007/07/06/bradmans-averageshould-have-been–100-shock/>, accessed 22 February 2014.

10. L. Page & M. Schaffner, 2013, 'Outcome Bias in Performance Evaluation: Evidence from a natural experiment', working draft, Queensland University of Technology, Brisbane, 15 July 2013.

11. The Sheffield Shield sample includes 149 players. Most youth cricket competitions use a cut-off age of 31 August or 1 September, though the Toyota Futures League uses 30 June. There are 570 players in the NRL sample. Most school Rugby League competitions use 1 January as the cut-off date. At the time of writing, the Matildas squad was 20 players, while the Socceroos squad was 22 players. The FIFA cut-off for youth soccer is 1 August.

12. For an analysis of related data on Australian sporting teams (which finds age

effects for AFL, cricket and Rugby League, but not soccer and Rugby Union), see A.B. Abernethy & D. Farrow, 'Contextual factors influencing the development of expertise in Australian athletes', in Tony Morris, Peter C. Terry, Sandy Gordon, Stephanie Hanrahan, Lydia Ievleva, Gregory Kolt and P. Tremayne, *ISSP 2005: Promoting Health and Performance for Life. Refereed Proceedings of the ISSP 11th World Congress of Sport Psychology*. ISSP 11th World Congress of Sport Psychology: Promoting Health and Performance for Life, Sydney, 15–19 August 2005. See also A.G. Barnett, 'The Relative Age Effect in Australian Football League Players', Working Paper, Brisbane: Queensland University of Technology, 2010. A very entertaining discussion also appears in M. Gladwell, *Outliers: The Story of Success*, New York: Little, Brown and Company, 2008.

13. J. Musch & R. Hay, 'The Relative Age Effect in Soccer: Cross-cultural evidence for a systematic discrimination against children born late in the competition year', *Sociology of Sport Journal*, 1999, vol. 16, no. 1, pp. 54–64.

14. The calculation of wins is for the regular 22-game season, and excludes finals matches. Draws are treated the same as losses. Expenditure estimates include player expenditure and operating expenditure, and are drawn from annual reports. Five teams' expenditure data are incomplete for 2012, so I assume their 2011 expenditure increased at the same rate as for the other 11 teams (8 percent). All expenditure data is then converted to 2013 dollars and summed across the five-year period. Formally, the relationship between AFL club expenditure and wins in the period 2008–2012 is: Wins = –45.3 + 1.1 × Expenditure (t = 2.02), with an R-squared of 0.23. The R-squared is slightly lower when using the log of expenditure.

15. For an account of Wells' success, see J. Ralph, 'Master Geelong Recruiter Stephen Wells Can't Dodge the Plaudits', *Herald Sun*, 17 November 2013. I am grateful to Richard Marles for drawing Wells' role to my attention. Jeff Borland's view is that Geelong's success is also attributable to having a CEO (Brian Cook), football director (Neil Balme) and coaches (Mark Thompson and Chris Scott) rated among the best in the AFL.

16. There is an economic literature on this point: see e.g. A.B. Bernard & M.R. Busse, 'Who Wins the Olympic Games: Economic resources and medal totals', *Review of Economics and Statistics*, 2004, vol. 86, no. 1, pp. 413–17; H.-K. Lui & W. Suen, 'Men, Money, and Medals: An econometric analysis of the Olympic Games', *Pacific Economic Review*, 2008, vol. 13, no. 1, pp. 1–16.

17. More than 200 'National Olympic Committees' were represented at the 2012 Olympics.

18. Data from *Medals Per Capita: Olympic glory in proportion*, <www.edalspercapita.com>, accessed 22 February 2013, which contains many fascinating comparisons. The relationship between GDP and Olympic medals in 2012 is: Wins = 5.1 + 0.008 × GDP (t = 13.4), with an R-squared of 0.68. The R-squared is slightly lower when using the log of GDP.

19. When I put them both into log terms, population and GDP per capita have approximately equal impacts on medal counts. A 10 per cent increase in GDP per capita is associated with 0.5 more medals, while a 10 per cent increase in population is associated with 0.6 more medals.

20. The formula for the expected number of heads or tails in a row is equal to $-\log n(1-p)/\log p$, where n is the number of seasons and p is the probability of a win. Because the comparison is with an evenly balanced contest, I set p = 0.5 in all calculations. See M.F. Schilling, 'The Surprising Predictability of Long Runs', *Mathematics Magazine*, 2012, vol. 85. no. 2, pp. 141–9. The Ashes series wins were England from 1882–83 to 1890 (eight series in a row) and Australia from 1989 to 2002–03 (eight in a row). If we treat retaining the Ashes as a win, there are two other series lasting over five series: Australia from 1934 to 1950–51 (six in a row) and Australia from 1958–59 to 1968 (six in a row). Overall, Australia and England have each won 31 series, with five drawn.

21. The series of Bledisloe Cup wins stretching longer than five years are New Zealand 1951–78 (12 series in a row) and 2003–13 (11 series in a row). The former stands if we include years in which both teams won the same number of games (in which case the Cup does not change hands). The latter succession of victories does not stand on this basis. The series of State of Origin wins (both by Queensland) are 1980–84 (five series wins in a row) and 2006–13 (eight series wins in a row).In total, Queensland has won 20 series and New South Wales 12, with two draws. The predecessor series to State of Origin was even less competitive, with New South Wales winning all series in the 1960s and 1970s. I am grateful for Tim Watts for drawing this point to my attention.

22. I refer to 'alleged' tanking since no team has ever been prosecuted for tanking, and an economics study that analysed AFL results from 1968 to 2005 found no definitive evidence of tanking: J. Borland, M. Chicu & R.D. Macdonald, 'Do Teams Always Lose To Win? Performance incentives and the player draft in the Australian

Football League', *Journal of Sports Economics*, 2009, vol. 10, no. 5, pp. 451–84. The improvement of competitive balance in NRL and AFL since 1985 is documented in R. Booth, 'Comparing Competitive Balance in Australian Sports Leagues: Does a salary cap and player draft measure up?', *Sport Management Review*, 2005, vol. 8, no. 2, pp. 119–143. Comparing codes, Booth concluded that within-season competitive balance is higher in the NRL than AFL. Another study reaches the same conclusion, finding that the AFL is more competitive on a between-season basis: L.J.A. Lenten, 'Towards a New Dynamic Measure of Competitive Balance: A study applied to Australia's two major professional "football" leagues', *Economic Analysis and Policy*, 2009, vol. 39, no. 3, pp. 407–28.

23. S.M. Crowe & J. Middeldorp, 'A comparison of leg before wicket rates between Australians and their visiting teams for test cricket series played in Australia, 1977–94', 1996, *Statistician*, vol. 45, no. 2, pp. 255–62; P.B. Mohr & K. Larsen, 'Ingroup Favoritism in Umpiring Decisions in Australian Football', *Journal of Social Psychology*, 1998, vol. 138, no. 4, pp. 495–504; L. Page & K. Page, *Evidence of Referees' National Favouritism in Rugby*, NCER Working Paper 62, Brisbane: National Centre for Econometric Research, Queensland University of Technology: Brisbane, 2010; P. Downward & M. Jones, 'Effects of Crowd Size on Referee Decisions: Analysis of the FA Cup', *Journal of Sports Sciences*, 2007, vol. 25, no. 14, pp. 1541–5; T.J. Dohmen, 'The Influence of Social Forces: Evidence from the behavior of football referees', *Economic Inquiry*, 2008, vol. 46, no. 3, pp. 411–24; R.H. Boyko, A.R. Boyko & M.G. Boyko, 'Referee Bias Contributes to Home Advantage in English Premiership Football', *Journal of Sports Sciences*, 2007, vol. 25, no. 11, pp. 1185–94 (interestingly, while large crowds are associated with an increase in the umpire's home-team bias, one study suggested that an increase in crowd size in baseball leads to less *racial* bias by the umpire: C.A. Parsons, J. Sulaeman, M.C. Yates & D.S. Hamermesh, 'Strike Three: Discrimination, incentives, and evaluation', *American Economic Review*, 2011, vol. 101, no. 4, pp. 1410–35); A.M. Nevill, N.J. Balmer & A.M. Williams, 'The Influence of Crowd Noise and Experience upon Refereeing Decisions in Football', *Psychology of Sport and Exercise*, 2002, vol. 3, no. 4, pp. 261–72.

24. K. Page & L. Page, 'Alone against the Crowd: Individual differences in referees' ability to cope under pressure', *Journal of Economic Psychology*, 2010, vol. 31, no. 2, pp. 192–9.

25. U. Wilbert-Lampen, D. Leistner, S. Greven, T. Pohl, S. Sper, C. Völker et

al., 'Cardiovascular Events During World Cup Soccer', *New England Journal of Medicine*, 2008, vol. 358, no. 5, pp. 475–83.

26. P.C. Bernhardt, J.M. Dabbs Jr, J.A. Fielden & C.D. Lutter, 'Testosterone Changes During Vicarious Experiences of Winning and Losing among Fans at Sporting Events', *Physiology and Behavior*, 1998, vol. 65, no. 1, pp. 59–62.

27. The line was used by UCLA coach Henry Sanders in the 1940s to describe American football and more recently by former Liverpool coach Bill Shankly to describe English football.

28. V. Bhaskar, 'Rational Adversaries? Evidence from randomised trials in one day cricket', *Economic Journal*, 2009, vol. 119, no. 534, pp. 1–23.

第4章 身高和才华，哪个更值钱？

1. From OECD Stat, 'Average annual hours actually worked per worker' (2012 estimate for Australia), <stats.oecd.org>, accessed 24 February 2014.

2. R. Cassells, A. Duncan, A. Abello, G. D'Souza & B. Nepal, 'Smart Australians: Education and innovation in Australia', *AMP.NATSEM Income and Wealth Report*, October 2012, no. 32.

3. A. Leigh, & C. Ryan, 'Estimating Returns to Education Using Different Natural Experiment Techniques', *Economics of Education Review*, 2008, vol. 27, no. 2, pp. 149–60; P. Oreopoulos, 'Do Dropouts Drop Out Too Soon? Wealth, health and happiness from compulsory schooling', *Journal of Public Economics*, 2007, vol. 91, no. 11, pp. 2213–29.

4. A. Leigh & C. Ryan, 'Long-Run Trends in School Productivity: Evidence from Australia', *Education Finance and Policy*, 2011, vol. 6, no. 1, pp. 105–35. There were five multiple-choice options (2 higher, 1 higher, same, 1 lower, 2 lower). The percentages answering correctly in each year the question was fielded were 1964 88%; 1978 83%; 1995 74%; 1999 74%; and 2003 68%.

5. S. Thomson, L. De Bortoli and S. Buckley, *PISA in Brief: Highlights from the full Australian report*, Melbourne: Australian Council for Educational Research, 2013.

6. C. Ryan, 'What is Behind the Decline in Student Achievement in Australia?', *Economics of Education Review*, 2013, vol. 37, pp. 226–39. See also E. Gundlach, L. Wossmann & J. Gmelin, 'The Decline of Schooling Productivity in OECD Countries', *Economic Journal*, 2001, vol. 111, no. 471, pp. 135–47.

7. The wage effects of another 10 cm of height are 2.8 per cent for men and 1.5 per cent for women (not statistically significant). Average weekly total earnings for full-time workers are $1606 per week for men, and $1268 for women: Australian Bureau of Statistics, 2013, *Average Weekly Earnings, Australia, May 2013*, Cat. no. 6302.0, ABS, Canberra.

8. P. Wilson, 'Perceptual Distortion of Height as a Function of Ascribed Academic Status', *Journal of Social Psychology*, 1968, vol. 74, no. 1, pp. 97–102. The average estimated heights by ascribed academic status were: student 5 feet 9.9 inches (1.77 m), demonstrator 5 feet 10.14 inches (1.78 m), lecturer 5 feet 10.9 inches (1.80 m), senior lecturer 5 feet 11.6 inches (1.82 m) and professor 6 feet 0.3 inches (1.84 m).

9. N. Persico, A. Postlewaite & D. Silverman, 'The Effect of Adolescent Experience on Labor Market Outcomes: The case of height', *Journal of Political Economy*, 2004, vol. 112, no. 5, pp. 1019–53.

10. Gross mean household income is $1847 per week: Australian Bureau of Statistics, *Household Income and Income Distribution, Australia, 2011–12*, Cat. no 6523.0, Canberra: ABS, 2013, Table 7.

11. On Australian anti-discrimination law, see Y. Redrup, 'Ugly People to the Back: Secrets of restaurant seating plans', Crikey, 14 November 2013. On US anti-discrimination law, see 'Hiring Hotties', *The Economist*, 21 July 2012. In Iowa (a jurisdiction without a ban on beauty discrimination), an employer was allowed to fire an employee for being too beautiful: M. Kimmel, 'Fired for Being Beautiful', *New York Times*, 16 July 2013. For women, there is some evidence that even attractive women should not attach photographs to their CV: see 'Don't Hate Me Because I'm Beautiful', *The Economist*, 31 March 2012.

12. K. Schilt & M. Wiswall, 'Before and After: Gender transitions, human capital, and workplace experiences', *B.E. Journal of Economic Analysis & Policy*, 2008, vol. 8, no. 1 (Contributions), Article 39.

13. This is based on an analysis of hourly wages, from J.D. Barón & D.A. Cobb-Clark, 'Occupational Segregation and the Gender Wage Gap in Private- and Public-Sector Employment: A distributional analysis,' *Economic Record*, 2010, vol. 86, no. 273, pp. 227–46. A similar picture emerges when comparing wages of full-time workers. For example, a summary of the gender earnings gap among full-time workers finds that it fluctuated between 15 and 18 per cent over the period 1994–2012: Workplace Gender Equality Agency, 'Gender pay gap statistics', Canberra: WGEA, February 2013,

<www.wgea.gov.au>. 'Low-paid workers' are those at the 10th percentile; 'high-paid workers' are those at the 90th percentile. Barón & Cobb-Clark, 'Occupational Segregation'. In the public sector, the gender pay gap is similar across the distribution. In most European nations, the gender wage gap is higher at the top of the distribution than the bottom: W. Arulampalam, A.L. Booth & M.L. Bryan, 'Is There a Glass Ceiling over Europe? Exploring the gender pay gap across the wage distribution', *Industrial and Labor Relations Review*, 2007, vol. 60, no. 2, pp. 163–86.

14. Barón & Cobb-Clark, 'Occupational Segregation'. Other research (using a smaller sample) comes to a similar conclusion: see H. Kee, 'Glass Ceiling or Sticky Floor? Exploring the Australian gender pay gap', *Economic Record*, 2006, vol. 82, pp. 408–27.

15. A. Booth & Leigh, 'Do Employers Discriminate by Gender? A field experiment in female-dominated occupations', *Economics Letters*, 2010, vol. 107, no. 2, pp. 236–8.

16. Equal Opportunity for Women in the Workplace Agency, *2012 Australian Census of Women in Leadership*, Canberra: Australian Government, 2012; barrister data from C. Merritt, 'State Raises the Bar on Female Silks', *The Australian*, 7 December 2012; professor data from C. Milburn, 'Beating on the Boys' Club Door', *The Age*, 1 March 2011; Victorian Equal Opportunity and Human Rights Commission, *Changing the Rules: the experiences of female lawyers in Victoria*, Melbourne: VEOHRC, 2012.

17. M. Niederle & L. Vesterlund, 'Do Women Shy Away from Competition? Do Men Compete Too Much?', *Quarterly Journal of Economics*, 2007, 122, no. 3, pp. 1067–101. (A more recent study failed to replicate this specific result: C.R. Price, 'Do Women Shy Away From Competition? Do Men Compete Too Much?: A (failed) replication', 2010, Working Paper, University of Southern Indiana, Evansville, IN.). But other studies find similar patterns: for a review, see R. Croson & U. Gneezy, 'Gender Differences in Preferences', *Journal of Economic Literature*, 2009, vol. 47, no. 2, pp. 448–74.

18. U. Gneezy & A. Rustichini, 'Gender and Competition at a Young Age', *American Economic Review*, 2004, vol. 94, no. 2, pp. 377–81.

19. J. Knight, Sexual stereotypes.' *Nature*, 2002, vol. 415, no. 6869, pp. 254–6.

20. U. Gneezy, K.L. Leonard & J.A. List, 'Gender Differences in Competition: Evidence from a matrilineal and a patriarchal society', *Econometrica*, 2009, vol. 77, no. 5, pp. 1637–64.

21. A. Booth & P. Nolen, 'Choosing to Compete: How different are girls and boys?', *Journal of Economic Behavior & Organization*, 2012, vol. 81, no. 2, pp. 542–55; A.L. Booth & P. Nolen, 'Gender Differences in Risk Behaviour: Does nurture matter?', *Economic Journal*, 2012, vol. 122, no. 558, pp. F56–F78.

22. A. Booth, 'Gender, Risk, and Competition', *VOX: Research-based policy analysis and commentary from leading economists*, blog, 14 September 2009, <www.voxeu.org/article/gender-risk-and-competition-experimentalevidence-environmental-influences>, accessed 22 February 2014.

23. R.B. McIntyre, C.G. Lord, D.M. Gresky, L.L. Ten Eyck, G.D. Jay Frye & C.F. Bond Jr, 'A Social Impact Trend in the Effects of Role Models on Alleviating Women's Mathematics Stereotype Threat', *Current Research in Social Psychology*, 2005, vol. 10, no. 9, pp. 116–36.

24. Australian Human Rights Commission, *Working Without Fear: Results of the Sexual Harassment National Telephone Survey 2012*, Sydney: AHRC, 2012. The rate of sexual harassment for men was 16 per cent. See e.g. K.T. Schneider, S. Swan & L.F. Fitzgerald, 'Job-Related and Psychological Effects of Sexual Harassment in the Workplace: Empirical evidence from two organizations', *Journal of Applied Psychology*, 1997, vol. 82, no. 3, pp. 401–515; L.F. Fitzgerald & A.J. Ormerod, 'Breaking Silence: The sexual harassment of women in academia and the workplace', in F.L. Denmark & M.A. Paludi (eds), *Psychology of Women: A Handbook of Issues and Theories*, Westport, Conn.: Greenwood Press, 1993; International Labour Office, *Combating Sexual Harassment at Work: Conditions of Work Digest*, vol. 11, no. 1, Geneva: ILO, 1992. See also D.A. Cobb-Clark, 'That Pesky Problem of Persistent Gender Bias', *Australian Economic Review*, 2012, vol. 45, no. 2, pp. 211–15.

25. A. Marshall, *Principles of Economics*, London: Macmillan & Company, 1890, p. 332.

26. This is based on the 2001–2010 HILDA survey. I estimate a regression with person fixed effects, controlling for the following time-varying factors: marital status, having children, school completion, university completion, and a quadratic in age. The sample is people aged 25–64, using longitudinal person weights. Moving to an outer-urban area boosts annual income by 4 per cent. If log hourly wages in place of log annual income are used, moving to a city boosts wages by 7 per cent, and moving to an outer-urban area boosts wages by 4 per cent.

27. If log hourly wages are used in place of log annual income, a 10 per cent

increase in the share of the population with university degrees boosts wages by 2 per cent.

28. E. Glaeser, *Triumph of the City: How our greatest invention makes us richer, smarter, greener, healthier and happier*, New York: Pan Macmillan, 2011. See also E. Glaeser & A. Saiz, 'The Rise of the Skilled City.' *Brookings-Wharton Papers on Urban Affairs*, 2004, vol. 2004, no. 1, pp. 47–105.

29. This assumes lifetime earnings that are a little over $2 million. See Cassells, Duncan, Abello, D' Souza & Nepal, *Smart Australians*.

30. The Australian Bureau of Statistics does not produce price indices for rural areas, making it impossible to precisely answer the question of whether the price differences are larger or smaller than the income differences. One way to consider the issue is to compare the cost of living across Australian cities, which yields a 7 per cent difference between the two most different cities, Adelaide and Sydney: B. Phillips, *NATSEM Household Budget Report: Cost of living and standard of living indexes for Australia, June quarter 2013*, Canberra: NATSEM, 2013, p. 21. Another is to use the 2011 Census to compare median weekly rent costs as a proportion of median (Australia-wide) income. This yields a difference of 28 per cent in Sydney ($350/$1234) versus 13 per cent in rural Queensland ($166/$1234), suggesting a 15 per cent cost of living differential.

31. C.E. Landry, J.A. List, M.K. Price & N.G. Rupp, 'Toward an Understanding of the Economics of Charity: Evidence from a field experiment' , *Quarterly Journal of Economics*, 2006, vol. 121, no. 6, pp. 747–82; M. Belot, V. Bhaskar & J. van de Ven, 'Beauty and the Sources of Discrimination' , *Journal of Human Resources*, 2012, vol. 47, pp. 851–72; N. Mocan & E. Tekin, 'Ugly Criminals' , *Review of Economics and Statistics*, 2010, vol. 92, pp. 15–30; J.E. Stewart, 'Defendant' s Attractiveness as a Factor in the Outcome of Criminal Trials: An Observational Study' , *Journal of Applied Social Psychology*, 1980, vol. 10, no. 4, pp. 348–61; R. Mazzella & A. Feingold, 'The Effects of Physical Attractiveness, Race, Socioeconomic Status, and Gender of Defendants and Victims on Judgments of Mock Jurors: A Meta-analysis' , *Journal of Applied Social Psychology*, 1994, vol. 24, no. 15, pp. 1315–38.

32. On employee share-ownership plans, see J.R. Blasi, D.L. Kruse & H.M. Markowitz, 'Risk and Lack of Diversification under Employee Ownership and Shared Capitalism' , in *Shared Capitalism at Work: Employee ownership, profit and gain sharing, and broad-based stock options*, Chicago: University of Chicago Press, 2010,

pp. 105–138; J.R. Blasi, R.B. Freeman, C. Mackin & D.L. Kruse, (2010), 'Creating a Bigger Pie? The effects of employee ownership, profit sharing, and stock options on workplace performance,' in D.L. Kruse, R.B. Freeman & J.R. Blasi (eds), *Shared Capitalism at Work*, Chicago: University of Chicago Press, pp. 139–165. On union wage effects, see M. Wooden, 'Union Wage Effects in the Presence of Enterprise Bargaining', *Economic Record*, 2001, vol. 77, no. 236, pp. 1–18. On the wage penalty for gay men, see for example D.A. Black, H.R. Makar, S.G. Sanders & L.J. Taylor, 'The Earnings Effects of Sexual Orientation', *Industrial and Labor Relations Review*, 2003, vol. 56, no. 3, pp. 449–69. On racial discrimination in hiring, see A.L. Booth, A. Leigh & E. Varganova, 'Does Ethnic Discrimination Vary Across Minority Groups? Evidence from a field experiment', *Oxford Bulletin of Economics and Statistics*, 2012, vol. 74, no. 4, pp. 547–73.

第 5 章　毕加索画作：20 岁比 60 岁贵 4 倍

1. T.A. Salthouse, T.M. Atkinson & D.E. Berish. 'Executive Functioning as a Potential Mediator of Age-related Cognitive Decline in Normal Adults', *Journal of Experimental Psychology*: General, 2003, vol. 132, no. 4, p. 566; S. Agarwal, J.C. Driscoll, X. Gabaix & D. Laibson, *The Age of Reason: Financial decisions over the lifecycle*, National Bureau of Economic Research Working Paper no. 13191, Cambridge, MA: NBER, 2008.

2. Quoted in David Galenson, *Old Masters and Young Geniuses: The two life cycles of artistic creativity*, Princeton, NJ: Princeton University Press, 2006, p. 5.

3. Galenson, *Old Masters and Young Geniuses*, p. 22.

4. Quoted in Galenson, *Old Masters and Young Geniuses*, p. 147. If you think that's harsh, Martin Amis said in 2009 that old age was 'like starring in a low-budget horror film, saving the worst till last': quoted in Patrick Kidd, 'The Play's No Longer Quite the Same Thing for Stoppard', *The Australian*, 17 October 2013.

5. Quoted in Galenson, *Old Masters and Young Geniuses*, p. 126.

6. Galenson, *Old Masters and Young Geniuses*, p. 157.

7. The best ranking of Australian painters based on auction prices is set out in B. Coate, 'An Economic Analysis of the Auction Market for Australian Art: Evidence of Indigenous difference and creative achievement', PhD thesis, Melbourne: RMIT University, 2009. In Table 5.8 (model 2a), Coate ranked the top ten Australian artists

as John Brack, Jeffrey Smart, Frederick McCubbin, Brett Whiteley, Tom Roberts, Ian Fairweather, Fred Williams, Margaret Preston, John Kelly and Russell Drysdale. This reflects the fact that the best works by earlier artists such as Streeton, Nolan and Boyd simply did not change hands during the period that Coate analyses. See also H. Higgs, 'Australian Art Market Prices During the Global Financial Crisis and Two Earlier Decades', *Australian Economic Papers*, 2012, vol. 51, no. 4, pp. 189–209.

8. The compendiums were S. Mellville & J. Rollinson, *Australian Art and Artists*, Sydney: Science Press, 1996; L. Hunter, *The Australian Art Companion: A selection of influential artists*, Sydney: Reed Books, 1990; and Australian Art Masterpieces, Melbourne: Viking O' Neil, 1987. For the purpose of selecting each artist' s top artwork, I also consulted three other texts: R. Hughes, *The Art of Australia*, 2nd edn, Melbourne: Penguin, 1970; B. Smith, Australian Painting 1788–2000, South Melbourne: Oxford University Press, 2001; and J. Anderson (ed.), The Cambridge Companion to Australian Art, Cambridge: Cambridge University Press, 2011.

9. Quoted in Hughes, *The Art of Australi*a, p. 54.

10. Hughes, *The Art of Australia*, p. 61; A. McCulloch & S. McCulloch, *The New McCulloch's Encyclopedia of Australian Art*, Sydney: Allen & Unwin, 1994.

11. Quoted in P. Haynes, *Sidney Nolan: Foundation Collection*, 2012, Canberra: Canberra Museum and Gallery, p.17.

12. R. Nelson, Review of Sidney Nolan at NGV Australia, The Age, 27 February 2008; M. Terry, 'Lambert, George Washington Thomas (1873–1930)', *Australian Dictionary of Biography*, <http://adb.anu.edu.au>, accessed 23 February 2014.

13. Robert Hughes, 'Arthur Boyd, Seeking the Wild', *Time Magazine*, vol. 143, no. 18, 2 May 1994.

14. Hughes, *The Art of Australia*, p. 184.

15. Hughes, *The Art of Australia*, p. 191, 199.

16. N. Drury, 'The Spiritual Perspective of Aboriginal Painter Rover Thomas', *Nevill Drury*, <www.nevilldrury.com/nevill-drury-articlesrover-thomas.htm>, accessed 23 February 2014.

17. Sylvia Kleinert, 2000, 'Namatjira, Albert (Elea) (1902–1959)', *Australian Dictionary of Biography*, <http://adb.anu.edu.au>, accessed 23 February 2014.

18. Quoted in 'Utopia: The Genius of Emily Kame Kngwarreye', *National Museum of Australia*, <www.nma.gov.au/exhibitions/utopia_the_genius_of_emily_kame_kngwarreye/home>, accessed 23 February 2014.

19. The book is J. O'Donnell, T. Creswell & C. Mathieson, *100 Best Australian Albums*, Melbourne: Hardie Grant Books, 2010. The survey of 175 industry experts and Triple J listeners were both conducted by ABC Triple J in 2011, and the results are available at 'Hottest 100 Australian Albums of All Time', *ABC*, <www.abc.net.au/triplej/hottest100/alltime/11/>, accessed 23 February 2014. The lists were summed by assigning each rank a number of points (1st = 100 points and so ond own to 100th = 1 point), and then summing the total number of points for each band. Note that all three sources were male-dominated: the book is written by three men, the industry experts are more likely to be men, and surveys of Triple J listeners find that there are more men than women. I do not use album sales data in this analysis, but it is worth noting that a 2006 newspaper article listed the five best-selling Australian albums of all time as: John Farnham's *Whispering Jack* (1,680,000 Australian sales), Delta Goodrem's *Innocent Eyes* (980,000 sales) Savage Garden's *self-titled album* (840,000 sales), Crowded House's *Recurring Dream* (770,000 sales) and John Farnham's *Age Of Reason* (770,000 sales): 'How Farnham fought back', *Sunday Telegraph*, 3 December 2006. Another source puts total Australian sales of AC/DC's *Back in Black* at 840,000: ARIA, 'ARIA Charts—Accreditations—2013 Albums', 31 December 2013, <www.aria.com.au>, accessed 24 February 2014.

20. O'Donnell, Creswell & Mathieson, *100 Best Australian Albums*.

21. Quoted in O'Donnell, Creswell & Mathieson, *100 Best Australian Albums*.

22. Finn brothers quoted in O'Donnell, Creswell & Mathieson, *100 Best Australian Albums*, p. 27; Dylan quoted in Clinton Heylin, *Still on the Road: The songs of Bob Dylan*, 1974–2006, Chicago: Chicago Review Press, 2010, p. 445. I am grateful to David Galenson for drawing this quote to my attention.

23. Quoted in A. Bennie (ed.), *Crème de la Phlegm: Unforgettable Australian reviews*, Melbourne: The Miegunyah Press, 2006, p. 193.

24. Quoted in O'Donnell, Creswell & Mathieson, *100 Best Australian Albums*, p. 17.

25. Quoted in O'Donnell, Creswell & Mathieson, *100 Best Australian Albums*, p. 28.

26. Published in S. Reynolds, *Blissed Out: The raptures of rock*, London: Serpent's Tail, 1990, p.75.

27. B. Zuel, 'At 55, Nick Cave Finally Becomes a Chart-topper in His Homeland', *Sydney Morning Herald*, 27 February 2013.

28. The First Tuesday list contained 10 books, and was compiled in 2012, '10 Aussie Books to Read Before You Die', ABC, <www.abc.net.au/arts/aussiebooks/>,

accessed 23 February 2014. The Australian Society of Authors list contained 40 books, and was reported in Catherine Keenan, 'Authors' Top Reads', *Sydney Morning Herald*, 27 May 2003. The Booktopia list of '50 Must Read Australian Novels' was based on a 2011 poll, and was available at <www.blog.booktopia.com.au> (the list included no more than one book per author). The lists were combined by assigning each rank a number of points (1st = 100 points and so on down to 50th = 50 points), and then summing the total number of points for each author.

29. 'Markus Zusak talks about the writing of *The Book Thief*', Pan Macmillan, 2007, <www.panmacmillan.com.au>, accessed 24 February 2014.

30. As Zusak describes the book's theme, 'Then came an idea that I'd had floating in my head for a couple of years about a stealer of books. Soon I realised that words were a good metaphor for Nazi Germany. It was words (and Hitler's ability to use them) that contained the power to murder and ostracise. What I set out to create was a character to juxtapose the way Hitler used words. She would be a stealer of books and a prolific reader.' : 'Markus Zusak talks about the writing of *The Book Thief*', Pan Macmillan, 2007, <www.panmacmillan.com.au>, accessed 24 February 2014.

31. J. Franzen, 'Rereading "The Man Who Loved Children"', *New York Times*, 3 June 2010.

32. M. Harris, 'Stead, Christina Ellen (1902–1983)', *Australian Dictionary of Biography*, <http://adb.anu.edu.au>, accessed 23 February 2014.

33. T. Gilling, 'INSPIRE: David Malouf', Weekend Magazine, *The Australian*, 2 August 2008.

34. D. Marr, 'Patrick White: The final chapter', *The Monthly*, no. 33, April 2008.

35. J. Hooton, Ruth Park: A celebration, Canberra: Friends of the National Library of Australia, 1996, p. 8; R. Park, *Fishing in the Styx*, Melbourne: Viking, 1993, pp. 65, 222.

36. Interview with R. Koval on *The Book Show*, ABC radio, 1 October 2008.

37. Both quotes from K. Grenville interview with S. Errington, 2008, <www.kategrenville.com/node/71>, accessed 23 February 20.

38. T. O'Neill, 'Lindsay, Joan á Beckett (1896–1984)', *Australian Dictionary of Biography*, http://adb.anu.edu.au>, accessed 23 February 2014.

39. 'Norman Lindsay Biography', *Norman Lindsay: Australia's most iconic and controversial artist*, <www.normanlindsay.net/about-normanlindsay/72-norman-

lindsay-biography>, accessed 23 February 2014; B. Smith, 'Lindsay, Norman Alfred (1879–1969)', *Australian Dictionary of Biography*, <http://adb.anu.edu.au>, accessed 23 February 2014.

40. Both quotes from J. Steger, 'The Sea Side of Tim Winton', *The Age*, 26 April 2008.

41. Both quotes from P. Daley, 'Dirt Smart', *The Age*, 29 May 2002.

42. B. Jones, E.J. Reedy and B.A. Weinberg, 'Age and Scientific Genius', 2014, NBER Working Paper no. 19866, Cambridge, MA: National Bureau of Economic Research.

第 6 章 为什么说学校是监狱最好的替代品？

1. This account of the Hoddle Street massacre draws on P. Haddow, *Hoddle Street: The Ambush and the Tragedy*, Melbourne: Strategic Australia, 1987. Other accounts include Anon., *Julian Knight—the Hoddle Street Massacre*, <www.julianknight-hoddlestreet.ca/julian-knightresearch-file/hoddle-street-massacre.html>, accessed 24 February 2014 and 'Time Capsule—August 9, 1987: Seven killed, 19 injured in Hoddle Street massacre', *The Weekend Australian Magazine*, 4 August 2007.

2. M.L. Fackler, *Wound Ballistics Research of the Past Twenty Years: A giant step backwards*, Institute Report no. 447, San Francisco: Letterman Army Institute of Research, 1990.

3. This account of the Port Arthur massacre draws on M. Bingham, *Suddenly One Sunday*, Sydney: HarperCollins, 1996, and M. Scott, 1997, *Port Arthur: A story of strength and courage*, Sydney: Random House, 1997.

4. P. Reuter & J. Mouzos, 'Australia: A massive buyback of low-risk guns' in J. Ludwig & P.J. Cook (eds), *Evaluating Gun Policy: Effects on Crime and Violence*, Washington, DC: Brookings Institution Press, 2003, pp. 121–56; A. Leigh & C. Neill, 'Do Gun Buybacks Save Lives? Evidence from panel data', *American Law and Economics Review*, 2010, vol. 12, no. 2, pp. 462–508.

5. S. Chapman, P. Alpers, K. Agho & M. Jones, 'Australia's 1996 Gun Law Reforms: Faster falls in firearm deaths, firearm suicides, and a decade without mass shootings', *Injury Prevention*, 2006, vol. 12, pp. 365–72.

6. C. Neill & A. Leigh, 'Do Gun Buybacks Save Lives? Evidence from time series variation', *Current Issues in Criminal Justice*, 2008, vol. 20, no. 2, pp. 145–62.

7. The Bureau of Meteorology estimates that five to ten Australians are killed by lightning strikes each year. 'Severe Thunderstorms', *Bureau of Meteorology*, <www.bom.gov.au/info/thunder/#protection>, accessed 24 February 2014. For earlier years, see also L. Coates, R. Blong and F. Siciliano, 'Lightning fatalities in Australia, 1824–1991', *Natural Hazards*, vol. 8, pp. 217–33.

8. Leigh & Neill, 'Do Gun Buybacks Save Lives?'.

9. P. Abelson, 'The Value of Life and Health for Public Policy', *Economic Record*, 2003, vol. 79, pp. S2–S13.

10. The 1996 road toll was 1970 people: Australian Transport Safety Bureau, *Road Deaths Australia 2006 Statistical Summary*, Canberra: Australian Transport Safety Bureau, Table 30.

11. P. Grabosky, *Fear of Crime and Fear Reduction Strategies, Trends and Issues in Crime and Criminal Justice*, report no. 44, Canberra: Australian Institute of Criminology, 1995. See also B. Davis & K. Dossetor, *(Mis)perceptions of Crime in Australia*, Trends and Issues in Crime and Criminal Justice, report no. 396, Canberra: Australian Institute of Criminology, 2010.

12. F. Cornaglia, N. Feldman & A. Leigh, 2014, 'Crime and Mental WellBeing', *Journal of Human Resources*, vol. 49, no. 2, pp. 110–40.

13. J.J. Donohue III & S.D. Levitt, 'The Impact of Legalized Abortion on Crime', *Quarterly Journal of Economics*, 2001, vol. 116, no. 2, pp. 379–420.

14. A. Leigh & J. Wolfers, 'Abortion and Crime', *AQ: Journal of Contemporary Analysis*, 2000, vol. 72, no. 4, pp. 28–30 (originally published in op-ed form as A. Leigh & J. Wolfers, 'Abortion's Secret Legacy', *The Age*, 11 November 1999).

15. On the (modest) relationship between total fertility and legalised abortion, see for example J. Klerman, 'U.S. Abortion Policy and Fertility', Santa Monica, CA: RAND Corporation, RB–5031, 2000, <www.rand.org/pubs/research_briefs/RB5031>, accessed 24 February 2014.

16. S. Levitt & S. Dubner, *Freakonomics*, New York: HarperCollins, 2005, p. 144.

17. J.W. Reyes, 'Environmental Policy as Social Policy? The impact of childhood lead exposure on crime,' *B.E. Journal of Economic Analysis & Policy*, 2007, vol. 7, no. 1.

18. L. O'Dwyer, 'Using GIS to Identify Risk of Elevated Blood Lead Levels in Children in Adelaide', *Australian Geographical Studies*, 2001, vol. 39, pp. 75–90.

19. S.D. Levitt, 'Understanding Why Crime Fell in the 1990s: Four factors that explain the decline and six that do not', *Journal of Economic Perspectives*, 2004, vol. 18, no. 1, pp. 163–90. The number of police officers per 100,000 Australians was 170 in 1970, 215 in 1980, 230 in 1990, 222 in 2000 and 240 in 2011. Using Levitt's estimate of the relationship between police numbers and crime rates, the 27 per cent increase from 1970 to 1980 would account for an 11 per cent drop in crime in the 1970s, but the changes in police numbers since 1980 are too small to have had a substantial effect on crime rates.

20. Levitt, 'Understanding Why Crime Fell in the 1990s'. See also A. Barbarino and G. Mastrobuoni, 'The Incapacitation Effect of Incarceration: Evidence from Several Italian Collective Pardons', *American Economic Journal: Economic Policy*, 2014, vol. 6, no. 1, pp. 1–37.

21. The 1991 figures from A. Leigh, 'Reducing Crime and Incarceration', House of Representatives Hansard, 21 November 2011. The 2013 figures are from Australian Bureau of Statistics, *Prisoners in Australia, 2013*, Canberra: ABS; costs from Productivity Commission, *Report on Government Services 2010*, Canberra: Productivity Commission, 2011.

22. Australian Bureau of Statistics, *Prisoners in Australia*, 2013, Cat. no. 4517.0, Canberra: ABS, 2013.

23. Australian Bureau of Statistics, *National Aboriginal and Torres Strait Islander Social Survey 2008*, Cat. no. 4714.0, Canberra: ABS, 2009.

24. On the drop in crime during the noughties, see Australian Institute of Criminology *Australian Crime: Facts & figures: 2011*, Canberra: Australian Institute of Criminology, 2012.

25. On this issue, see S.N. Durlauf & D.S. Nagin, 'Imprisonment and Crime: Can both be reduced?', *Criminology & Public Policy*, 2011, vol. 10, no. 1, pp. 13–54 and M.A.R. Kleiman, *When Brute Force Fails: How to have less crime and less punishment*, Princeton, NJ: Princeton University Press, 2009.

26. Bruce Western, 'Testimony Before the Joint Economic Committee' in Joint Economic Committee, 'Mass Incarceration in the United States: At What Cost?' Hearing before the Joint Economic Committee, Congress of the United States 110th Congress, First Session, 4 October 2007, Washington DC: US Government Printing Office, 2008, pp. 15–17.

27. Heilpern, D., *Fear or Favour: Sexual Assault of Young Prisoners*, Lismore:

Southern Cross University Press, 1998.

28. On the intergenerational crime correlation, see V. Goodwin & B. Davis, *Crime Families: Gender and the intergenerational transfer of criminal tendencies*, Trends and Issues in Crime and Criminal Justice, report no. 414, Canberra: Australian Institute of Criminology, 2011. As to working with children of prisoners, one of my favourite such organisations is 'SHINE for Kids'.

29. M. Gatto & T. Noble, I, Mick Gatto, Melbourne: Victory Books, 2010.

30. S. Dawe (ed.), *Vocational education and training for adult prisoners and offenders in Australia: Research readings*, Adelaide: NCVER, 2007.

31. This is despite the fact that, according to the Productivity Commission's annual *Report on Government Services*, states and territories have formally agreed to 'Provide program interventions to reduce the risk of re-offending'.

32. Some measure of the extreme disadvantage among the Perry Preschool population can be gleaned from the fact that the average person in the control group had 4.6 arrests (including 1.5 felony arrests) by age 27. By contrast, the treatment group had 'only' 2.3 arrests (including 0.7 felony arrests) by the same age: D.J. Besharov, P. Germanis, C.A. Higney & D.M. Call, 'The High/Scope Perry Preschool Project', in *Assessments of Twenty-Six Early Childhood Evaluations*, College Park, MD: University of Maryland School of Public Policy Welfare Reform Academy, 2011, ch. 16. The randomised experiment on school quality is reported in D. Deming, 'Better Schools, Less Crime?', *Quarterly Journal of Economics*, 2011, vol. 126, no. 4, pp. 2063–115.

33. S. Aos, M. Miller & E. Drake, *Evidence-based Public Policy Options to Reduce Future Prison Construction, Criminal Justice Costs, and Crime Rates*, Olympia, Washington: Washington State Institute for Public Policy, 2006.

34. See for example Kleiman, *When Brute Force Fails*.

35. L.W. Sherman, H. Strang, C. Angel, D. Woods, G.C. Barnes, S.Bennett & N. Inkpen, 'Effects of Face-to-Face Restorative Justice on Victims of Crime in Four Randomized, Controlled Trials', *Journal of Experimental Criminology*, 2005, vol. 1, no. 3, pp. 367–95; J. Braithwaite, *Restorative Justice and Responsive Regulation*, Oxford: Oxford University Press, 2002. H. Strang, L.W. Sherman, E. Mayo-Wilson, D. Woods, and B. Ariel, 'Restorative Justice Conferencing (RJC) Using Face-to-Face Meetings of Offenders and Victims: Effects on Offender Recidivism and Victim Satisfaction. A Systematic Review', *Campbell Systematic Reviews*, vol. 9, issue 12, 2013.

36. See also M. Duncan, A. Leigh, D. Madden & P. Tynan, *Imagining Australia: Ideas for Our Future*, Sydney: Allen & Unwin, 2004; M. Kleiman, 'Stop the Revolving Door', *Blueprint Magazine*, 25 September 2002. I am grateful to Justin Wolfers for valuable discussions on this point.

37. Coutts-Trotter's story is set out in A. Summers, 2012, 'Cool, calm, elected', *Sydney Morning Herald*, 22 September 2012.

38. 'O' Farrell Puts Stamp on Public Service', *The Australian*, 1 April 2011.

第7章 谁能有效打击恐怖主义？金钱还是武器？

1. I heard Jaqueline Lima speak at the Global Fund 4th Partnership Forum in São Paulo, Brazil, on 28 June 2011. A version of her life story can be found online: 'Jacqueline Lima's story of courage and success', *The Global Fund to fight AIDS, Tuberculosis and Malaria*, <www.theglobal fund.org/en/partnershipforum/2011/speeches/>, accessed 24 February 2014.

2. J. Sachs, *The End of Poverty: Economic possibilities for our time*, New York: Penguin Books, 2005.

3. W. Easterly, *The Elusive Quest for Growth: Economists' adventures and misadventures in the tropics*, Cambridge, MA: MIT Press, 2001; W. Easterly, *The White Man's Burden: Why the West's efforts to aid the rest have done so much ill and so little good*, New York: Penguin Books, 2006.

4. C. Burnside & D. Dollar, 'Aid, Policies, and Growth', *American Economic Review*, 2000, vol. 90, no. 4, pp. 847–68; W. Easterly, R. Levine & D. Roodman, 'Aid, Policies, and Growth: Comment', American Economic Review, 2004, vol. 94, no. 3, pp. 774–80; P. Collier & D. Dollar, 'Can the World Cut Poverty in Half? How policy reform and effective aid can meet international development goals', 2001, World Development, vol. 29, no. 11, pp. 1787–802.

5. R. Fisman & E. Miguel, 'Corruption, Norms and Legal Enforcement: Evidence from diplomatic parking tickets', *Journal of Political Economy*, 2007, vol. 115, no. 6, pp. 1020–48. Their study focused on the period before a major crackdown in 2002, when New York City finally refused to re-register cars with unpaid parking fines.

6. Australia's top nine aid recipients all score in the bottom half of Transparency International's 2011 corruption ranking.

7. In 2009–10, AusAID's losses to fraud were just 0.028 per cent of the total aid

program. Centrelink's proportional loss to fraud is considerably higher. Fraud losses for businesses operating in Australia are estimated by KPMG, *Fraud and Misconduct Survey 2010*, Sydney: KPMG, 2010, <http://www.kpmg.com>, accessed 19 March 2014. A 2009 Australian National Audit Office report stated: 'AusAID's cautious approach to fund provision, while minimising the risk of corruption, has sometimes prevented resources getting to where they are most needed'. See ANAO, *AusAID's Management of the Expanding Australian Aid Program*, ANAO Audit Report No.15 2009–10, Canberra: ANAO, 2009.

8. UK Department for International Development, 'Case Study: Technology to tackle corruption', *Department for International Development*, <https://www.dfid.gov.uk/stories/case-studies/2010/ technology-to-tackle-corruption/>, accessed 24 February 2014.

9. PEW Research Centre, *Global Attitudes Project*, available at <www.pewglobal.org>, accessed 24 February 2014. The question (asked only of Muslims) was 'Some people think that suicide bombing and other forms of violence against civilian targets are justified in order to defend Islam from its enemies. Other people believe that, no matter what the reason, this kind of violence is never justified. Do you personally feel that this kind of violence is often justified to defend Islam, sometimes justified, rarely justified, or never justified?' I report the proportion of Muslims who answered 'often justified' or 'sometimes justified'. In most countries, this figure has fallen over the past decade. National Consortium for the Study of Terrorism and Responses to Terrorism (START) (*Global Terrorism Database* [data file]), <http://www.start.umd.edu/gtd>, accessed 24 February 2014.

10. A.B. Krueger, *What Makes a Terrorist: Economics and the roots of terrorism*, Princeton, NJ: Princeton University Press, 2007.

11. This section draws heavily on E. Berman, *Radical, Religious and Violent: The new economics of terrorism*, Cambridge, MA: MIT Press, 2009.

12. D. Kilcullen, *The Accidental Guerrilla: Fighting small wars in the midst of a big one*, Oxford: Oxford University Press, 2009.

13. Collier, *The Plundered Planet*.

14. Collier's estimate is US$114,000. At the time of writing, the USD and AUD were close to parity.

15. See *Natural Resource Charter*, <www.naturalresourcecharter.org>, accessed 24 February 2014.

16. Some of this knowledge is currently being conveyed through the Australian Centre for International Agricultural Research, and our involvement in the World Food Programme and the G20's Committee for World Food Security.

17. G. Mills, *Why Africa is Poor: And what Africans can do about it*, New York: Penguin Global, 2010, pp. 136, 141. On extending Malawi's success, see for example J.W. McArthur, *An International Credit Facility To Support Commercialization of African Smallholder Staple Crop Farmers*, Concept Note for GAC on Poverty and Economic Development, New York: Millennium Promise Alliance, 2011.

18. E. Miguel, *Africa's Turn?*, Cambridge MA: MIT Press, 2009, p. 40.

19. See for example Miguel, *Africa's Turn?*.

20. The top five recipients of Australian aid in 2013-14 were projected to be Indonesia, Papua New Guinea, Solomon Islands, Afghanistan and Vietnam: B. Carr, *Australia's International Development Assistance Program, Budget 2013–14, Ministerial Statement*, 14 May 2013, Canberra: AusAID, p. 12.

21. R. Guest, *The Shackled Continent: Power, corruption, and African lives*, Washington, DC: Smithsonian Books, 2004.

22. M. Fullilove, *The Testament of Solomons: RAMSI and international state-building*, Sydney: Lowy Institute Analysis, 2006.

23. This story is told in C. Wattegama 'Nobody told us to run' in N. Gunawardene & F. Noronha (eds), *Communicating Disasters: An Asia Pacific resource book*, Bangkok: UNDP Regional Centre, 2007, pp. 21–6.

24. S. Feeny & M. Clarke, 'What Determines Australia's Response to Natural Disasters?', *Australian Economic Review*, 2007, vol. 40, no. 1, pp. 24–36. Feeny and Clarke found that a 10 per cent increase in the number of articles was associated with a 10 per cent increase in the amount of money given by private donors to World Vision, and with a 37 per cent increase in the resources provided via AusAID's emergency relief scheme.

25. T. Eisensee & D. Strömberg, 'News Droughts, News Floods, and U.S. Disaster Relief', *Quarterly Journal of Economics*, 2007, vol. 122, no. 2, pp. 693–728.

26. M. Faye & P. Niehaus, 'Political aid cycles', *American Economic Review*, 2012, vol. 102, no. 7, pp. 3516–30; I. Kuziemko & E. Werker, 'How Much Is a Seat on the Security Council Worth? Foreign aid and bribery at the United Nations', *Journal of Political Economy*, 2006, vol. 114, no. 5, pp. 905–30.

第 8 章 股票市场与天气,哪个更难预测?

1. There is some disagreement between Keen and Robertson over the precise terms of the bet. See M. Janda, 2010, 'Economist Keen to walk Canberra–Kosciuszko', ABC News, 16 February 2010; Steve Keen, 'A Monkey Off My Back', 12 May 2010, <www.debtdeflation.com>, accessed 24 February 2014.

2. An extensive investigation of the origins of this quote concluded that it was first uttered by an unknown author in Danish before 1948. See G. O'Toole, 2013, 'It's Difficult to Make Predictions, Especially About the Future', 20 October 2013, <http://quoteinvestigator.com/2013/10/20/no-predict/>, accessed 24 February 2014.

3. Train travel quote from S. Smiles, *The Life of George Stephenson*, Jerusalem: Minerva Group, 2001, p. 93; Marconi quote from G. Weightman, *Signor Marconi's Magic Box: The Most Remarkable Invention of the 19th Century and the Amateur Inventor Whose Genius Sparked a Revolution*, Cambridge, MA: Da Capo Press, 2009, ch. 41; Ballmer quote from D. Lieberman, 'CEO Forum: Microsoft's Ballmer having a "great time"', USA Today, 30 April 2007.

4. M. Obel, 'Economic Indicator: Look inside the cardboard box', *Tampa Bay Times*, 7 April 2009; Y. Q. Mui, 'Blue Chip, White Cotton: What underwear says about the economy', *Washington Post*, 31 August 2009.

5. M. van Baardwijk & Ph. H.B.F. Franses, *The Hemline and the Economy: Is there any match?*, Working Paper no. EI 2010–40, Rotterdam: Erasmus University Econometric Institute, 2010. T.F. Pettijohn & D.F. Sacco, 'Tough Times, Meaningful Music, Mature Performers: Popular Billboard songs and performer preferences across social and economic conditions in the USA', *Psychology of Music*, 2009, vol. 37, no. 2, pp. 155–79. A variant of this is the finding that 'beat volatility' within top songs is associated with US share market volatility the subsequent year: P. Maymin, 'Music and the Market: Song and stock volatility', *North American Journal of Economics and Finance*, 2012, vol. 23, no. 1, pp. 70–85. See also P. Maymin, 'Flop Culture', *New York Post*, 1 February 2009. T.F. Pettijohn & B.J. Jungeberg, 'Playboy Playmate Curves: Changes in facial and body feature preferences across social and economic conditions', *Personality and Social Psychology Bulletin*, 2004, vol. 30, no. 9, pp. 1186–97. See also N. Barber, 'The Slender Ideal and Eating Disorders: An interdisciplinary "telescope" model', *International Journal of Eating Disorders*, 1998, vol. 23, no. 3, pp. 295–307.

6. The growth rate in 1998–99 was 5.3 per cent. Age newspaper quote from 2007 from B. Schneiders & N. Khadem, 'Looking Good', *The Age*, 30 June 2007, p. 1. Forecasts for growth in calendar year 2008 ranged from 2.5 to 4.5 per cent. The growth rate was 1.9 per cent. V. O'Shaughnessy, 'Forecasts Were Way Out for 2008', *The Age*, 3 January 2009, p. 11.

7. G. Stevens, 'Better than a Coin Toss? The Thankless Task of Economic Forecasting', *Reserve Bank of Australia Bulletin*, September 2004, pp. 6–14 (Stevens acknowledges the assistance of Jonathan Kearns in preparing the analysis).

8. P. Tulip & S. Wallace, *Estimates of Uncertainty Around the RBA's Forecasts*, Reserve Bank Discussion Paper RDP 2012–07, Sydney: RBA, 2012, p. 11.

9. D. Chessell, P. Crone, M. Edey & L. Williams, Review of Treasury Macroeconomic and Revenue Forecasting, Canberra: Australian Treasury, 2012, p. 35.

10. D. Gruen, 'Forecasting Methods: Final observations—economic forecasters aren't stupid; what we are trying to do is hard!', in P. Abelson & R. Joyeux, (eds), *Economic Forecasting*, Sydney: Allen & Unwin, 2000.

11. W. Swan, 'Australia to 2050: future challenges', *Intergenerational Report 2010*, Canberra: Australian Treasury, 2010, pp. 159, 160. The 2002 *Intergenerational Report* forecast a population of 24.5 million in 2035 and 25.3 million in 2042: P. Costello, *Intergenerational Report* 2002–03, 2002–03 Budget Paper no. 5, Canberra: Australian Treasury, 2002, p. 22. Extrapolating forward, this implies a population around 26 million in 2047.

12. The report is Department of Employment, *Education and Training, Australia's Workforce 2005: Jobs in the Future*, Canberra: Australian Government, 1995. The estimates covered the period 1994–2005, and are presented as the middle scenario ('Scenario II') in Table A3.1. I use industry estimates because occupational codes changed over this period. The actual change compares average industry employment in the four quarters of 1994 with average industry employment in the four quarters of 2005. Regressing actual results on forecasts returns an R-squared of 0.002. In 2011, the Centre of Policy Studies evaluated the accuracy of their own labour market forecasts, produced using the MONASH Forecasting Model. Analysing predictions eight years out, the study found average errors of 9 per cent when using 18 industries, and 16–20 percent or more when forecasting at a finer level (such as hundreds of occupations or industries). The report noted that a linear trend extrapolation had larger forecast errors. See G. Meagher & F. Pang, *Labour Market Forecasting, Reliability and Workforce*

Development, General Paper no. G–225, Melbourne: Centre of Policy Studies, Monash University, 2011, pp. 11–14.

13. P.D. Adams & G. Meagher, *Australia's Workforce Trends to 2010: Forecasts from the MONASH model*, Melbourne: Centre of Policy Studies, Monash University 1999. B. Jones, 'The Knowledge Nation Task Force: Transformation in Australia', AUSTAFE Conference, Alice Springs, 2001. Mining's share of gross value-added was around 5 per cent in 2001, and around 10 per cent in 2011: M. Parkinson, 'Challenges and Opportunities for the Australian Economy', speech to the John Curtin Institute of Public Policy, Breakfast Forum, Perth, 5 October 2012.

14. R.B. Freeman, *Is A Great Labor Shortage Coming? Replacement demand in the global economy*, NBER Working Paper no. 12541, Cambridge, MA: National Bureau of Economic Research, 2006.

15. B.G. Malkiel, *A Random Walk Down Wall Street: The Time-tested Strategy for Successful Investing*, New York: W.W. Norton, 2007, p. 24.

16. Mercer, 'Mercer Investment Surveys—December 2012', 2013; J. Collett, 'Perpetual Ethical Fund Tops Performance as Share Funds Rebound', *Sydney Morning Herald*, 16 January 2013. See also A. Frino & D.R. Gallagher, 'Is Index Performance Achievable? An analysis of Australian equity index funds', Abacus, 2002, vol. 38, no. 2, pp. 200–14; 'Investment Returns: How active fund managers lost their lustre', Knowledge@ Australian School of Business, 24 August 2010, <http://knowledge.asb.unsw.edu.au>, accessed 24 February 2014. C. Becker, 'Troubles with Fund Management—An absolute return view', *MacroBusiness Blog*, 6 April 2011, <www.macrobusiness.com.au/2011/04/troubles-with-fundmanagement-absolute-returnr/>, accessed 24 February 2014.

17. 'R & D Funding in Australia', *The Science Show*, ABC radio, broadcast 2 September 2000.

18. M. Crosby, 'Exchange Rate Forecasts', *Core Economics Blog*, 10 March 2009, <http://economics.com.au/?p=2879>, accessed 24 February 2014. Historical exchange rates from <www.oanda.com/currency/historicalrates/>, accessed 24 February 2014. AAP, 'Money Guru Predicts Aussie Dollar Will Hit $1.70 by 2014', NineMSN Finance, 9 May 2011, <http://finance.ninemsn.com.au>, accessed 24 February 2014. > <http://finance.ninemsn.com.au/newsbusiness/aap/8246595/money-guru-predictsaussie-dollar-will-hit-1-70-by-2014>.

19. N. Silver, *The Signal and the Noise: Why so many predictions fail—but some*

don't, New York: Penguin, 2012; Commonwealth Bureau of Meteorology, *Submission to the House of Representatives Select Committee on the Recent Australian Bushfires*, Canberra: Parliament of Australia, 2003, pp. 31–2.

20. The excuses of erroneous forecasters are helpfully classified in P. Tetlock, *Expert Political Judgment: How good is it? How can we know?* Princeton, NJ: Princeton University Press, 2005, p. 135.

21. Quoted in R. Hanson, 'Insider trading and prediction markets', *Journal of Law, Economics and Policy*, 2008, vol. 4, pp. 449–464 at p. 455 (I have omitted the Harvard-style references from the quotation).

22. R. Gurkaynak & J. Wolfers, 'Macroeconomic Derivatives: an initial analysis of market-based macro forecasts, uncertainty, and risk', in J.A. Frankel, & C.A. Pissarides (eds), *NBER International Seminar on Macroeconomics 2005*, NBER International Seminar on Macroeconomics Series, Cambridge, MA: MIT Press, 2007; P.M. Polgreen, F.D. Nelson, G.R. Neumann & R.A. Weinstein, 'Use of Prediction Markets to Forecast Infectious Disease Activity', *Clinical Infectious Diseases*, 2007, vol. 44, no. 2, pp. 272–9.

23. The tipping competition focused on rounds 1 to 23 of the 2012 AFL competition. Using the betting market favourite correctly predicted the results in 153 out of 198 games (77 per cent). This approach ranked me 36th out of 246 tipsters (and, I can't resist mentioning, ahead of the other six parliamentarians in the competition). Using a similar approach, my co-worker Thomas McMahon tells me that he won equal first place in his workplace's 2013 AFL tipping competition.

24. One study found that the average expert tipster for the Age and Herald Sun correctly forecast 65 per cent of matches: M. Amor & W. Griffiths, *Modelling the Behaviour and Performance of Australian Football Tipsters*, University of Melbourne Faculty of Economics Working Paper 03–871, Melbourne: University of Melbourne, 2003. Expert forecaster Greg Breen predicted only 75 per cent of the results in the first 23 rounds of the 2012 season: see www.footyforecaster.com.

25. S. Easton & K. Uylangco, 'Forecasting Outcomes in Tennis Matches Using Within-match Betting Markets', *International Journal of Forecasting*, 2010, vol. 26, no. 3, pp. 564–75.

26. See J. Wolfers & E. Zitzewitz, 'Prediction Markets', *Journal of Economic Perspectives*, 2004, vol. 18, no. 2, pp. 107–26.

27. I.D. Dichev, 'What Are Stock Investors' Actual Historical Returns?

Evidence from dollar-weighted returns', *American Economic Review*, 2007, vol. 97, no. 1, pp. 386–401.

28. P. Gerrans, 'Retirement Savings Investment Choices in Response to the Global Financial Crisis: Australian evidence', *Australian Journal of Management*, 2012, vol. 37, no. 3, pp. 415–39.

29. The Australian Influenza Report is prepared by the Department of Health. The official unemployment, inflation and growth statistics are prepared by the Australian Bureau of Statistics.

30. F. Liu, B. Lv, G. Peng & X. Li, 'Influenza Epidemics Detection Based on Google Search Queries', in *Recent Progress in Data Engineering and Internet Technology*, Berlin: Springer, 2012, pp. 371–6; H. Choi & H. Varian, 'Predicting the Present with Google Trends', *Economic Record*, 2012, vol. 88, no. s1, pp. 2–9; N. McLaren & R. Shanbhogue, 'Using Internet Search Data as Economic Indicators', *Bank of England Quarterly Bulletin*, 2011-Q2, pp.134–40.

31. Hyunyoung Choi & Hal Varian, 2011, 'Predicting the Present with Google Trends', PowerPoint presentation to the San Francisco Federal Reserve, 18 March 2011.

32. O. Ashenfelter, D. Ashmore & R. Lalonde, 'Bordeaux Wine Vintage Quality and the Weather', *Chance*, 1995, vol. 8, no. 4, pp. 7–14. See also O. Ashenfelter, 'Predicting the Quality and Prices of Bordeaux Wine', *The Economic Journal*, 2008, vol. 118, no. 529, pp. F174–F184.

33. Interview with Kym Anderson, Adelaide, 16 October 2013.

34. R.P. Byron & O. Ashenfelter, 'Predicting the Quality of an Unborn Grange', *Economic Record*, 1995, vol. 71, no. 1, pp. 40–53; D. Wood & K. Anderson, 'What Determines the Future Value of an Icon Wine? New evidence from Australia', *Journal of Wine Economics*, 2006, vol. 1, no. 2, pp. 141–61.

35. Specifically, 'Penfold's Grange Hermitage is a blend of Shiraz grapes, drawn predominantly from the Barossa Valley but with contributions from Clare, McLaren Vale, the Magill vineyard near Adelaide and, more recently, Coonawarra': Byron & Ashenfelter, 'Predicting the Quality of an Unborn Grange'. On the source of Grange grapes, see also A. Calliard, *Penfolds: The rewards of patience*, Sydney: Allen & Unwin, 2008.

36. My analysis follows Byron & Ashenfelter's paper, in that I use only the vintages from 1959 onwards, and obtain weather data for the same weather stations as they did.

37. To be precise, I estimate the following model: Log(Price) = –50.823 + 0.035 (Wine age)–0.00379 (Jan to Feb rainfall) + 5.826 (Oct to March temperature)–0.146 (Oct to March temperature squared)–0.225 (Oct to March temperature variation). For precise details of how the weather variables are defined, see Byron & Ashenfelter's, 'Predicting the Quality of an Unborn Grange'.

38. Langton's, 'Vintage Reports—Penfolds Grange', <www.langtons.com.au>, accessed 24 February 2014.

39. Across the 18 common observations, the correlation between the two ranking measures is –0.12.

40. Langton's, 'Vintage Reports'.

41. A. Leigh & R.D. Atkinson, *Clear Thinking on the Digital Divide*, Policy Report, Washington, DC: Progressive Policy Institute, 2001, p. 6; Thom File, 'Computer and Internet Use in the United States', P20–569, 2013, *United States Census Bureau*, <www.census.gov>, accessed 24 February 2014.

42. S. Dubner, 'The Folly of Prediction', *Freakonomics Radio*, broadcast 14 September 2011.

43. I. Berlin, *The Hedgehog and the Fox: An essay on Tolstoy's view of history*, New York: Simon & Schuster, 1953.

第9章 多受一年义务教育，收入提升10%

1. C. Wright, *The Forgotten Rebels of Eureka*, Melbourne: Text Publishing, 2013, pp. 6, 165, 107.

2. Wright, *The Forgotten Rebels of Eureka*, p.165.

3. The alternative way of teaching economics is to teach the big principles once, then move on to the exceptions and extensions. Alas, it turns out that when you do this, many students remember virtually nothing about economics a year later. Two books that were influential in shaping my thinking on how to teach introductory economics were R.H. Frank, *The Economic Naturalist: Why economics explains almost everything, New York*: Random House, 2008, and B. Caplan, *The Myth of the Rational Voter: Why democracies choose bad policies*, Princeton. NJ: Princeton University Press, 2008.

4. A. Cornell & J. Stensholt, 'The Obsessions of Marius Kloppers (more than just soup)', *Australian Financial Review*, 14 July 2012.

5. 'How a Clean-FREAK Memo Derailed BHP boss' ,<News.com.au>, accessed 21 February 2013. On productivity and cleanliness, see M. Robin, 'Inside BHP Billiton's 11-page Office Rulebook: Do clean desks really boost productivity?' , <SmartCompany.com.au>, accessed 10 July 2012.

6. In New South Wales, 19.5 per cent of kindergarten children are now held back a year, up from 17.3 per cent a decade ago: statistics quoted in C. Marriner, 2013, 'Delayed Start not Always a Good Idea' , Sun Herald, 27 January 2013. For a review of the evidence on the effects of school starting age, see M. Konnikova, 'Youngest Kid, Smartest Kid?' , New Yorker, 19 September 2013.

7. Quoted in S. Dubner, 'The Upside of Quitting' , Freakonomics Radio, Season 1, Episode 5, 30 September 2011.

8. T. Cowen, *Discover Your Inner Economist: Use incentives to fall in love, survive your next meeting, and motivate your dentist*, New York: Plume, 2008.

9. The study analysed wine reviews in *Wine Spectator*: J. Reuter, 'Does Advertising Bias Product Reviews? An analysis of wine ratings' , *Journal of Wine Economics*, 2009, vol. 4, no. 2, pp. 125–51.

10. J. Waldfogel, *Scroogenomics: why you shouldn't buy presents for the holidays*, Princeton, NJ: Princeton University Press, 2009, p. 35. The deadweight calculation is based on summing up Australian Bureau of Statistics retail spending on 'household goods' , 'clothing, footwear and personal accessories' , 'department store spending' and 'other spending' , and estimating the jump in November and December relative to other months of the year. My estimate of $6 billion amounts to gift-buying of about $260 per Australian, a total that is in line with Waldfogel's figure for the United States (US$220 per person in 2007). On occasion, there are reports of much higher figures for 'Christmas spending' (up to $30 billion). These appear to include all spending for the holiday season, rather than trying to specifically identify spending on gifts.

11. M.R. Busse, D.G. Pope, J.C. Pope & J. Silva-Risso, *Projection Bias in the Car and Housing Markets*, National Bureau of Economic Research Working Paper 18212, Cambridge, MA: National Bureau of Economic Research, 2012; U. Simonsohn, 'Weather to go to College' , *Economic Journal*, 2010, vol. 120, no. 543, pp. 270–80; D.T. Gilbert, M.J. Gill & T.D. Wilson, 'The Future is Now: Temporal correction in affective forecasting' , *Organizational Behavior and Human Decision Processes*, 2002, vol. 88, no. 1, pp. 430–44; D. Ariely, & G. Loewenstein, 'The Heat of the Moment:

The effect of sexual arousal on sexual decision making', *Journal of Behavioral Decision Making*, 2006, vol. 19, no. 2, pp. 87–98.

12. S. Iyengar, *The Art of Choosing*, New York: Twelve, 2010, pp. 89–90.

中资海派出品
为精英阅读而努力

游戏不是玩物丧志，
而是重塑互联网时代的核心力量

★ 如何成为下一个马云、马化腾和李彦宏？
★ 为什么ALS能凭借"冰桶挑战"引起全球关注？
★ 传统产业的经营者如何在互联网时代蜕变重生？

> 无论是传统行业盈利模式的升级换代，还是新兴产业创新经济的利润增长，率先掌握游戏化经营思维的组织，将牢牢占据下一个10年的发展先机。

[美] 亚当·L.潘恩伯格 ◎著
陈丽娜 ◎译

策　划：中资海派
定　价：35.00元

管理游戏化，让员工对工作像游戏般上瘾，效率暴增！营销游戏化，让顾客对品牌像游戏般上瘾，铁粉是这样炼成的！学习游戏化让学生对外语像游戏般上瘾，34小时学完大一外语课程！

"游戏化"浪潮即将来袭，哪些新兴产业能开启新的时代，又有哪些传统产业能够借机重生？

如果游戏化是互联网时代的新拐点，
反枯燥就是互联网商业的未来

中资海派出品
为精英阅读而努力

[美] 戴维·纽曼 ◎著
陈 书 ◎译

策　划：中资海派
定　价：38.00元

挣脱传统营销模式的红利娇宠，在平等、开放、互动中吸引用户追逐

★ 建立一劳永逸的营销语料库
★ 利用"3P销售对话"解决问题
★ 依靠"3R"公式促进社交媒体的成功
★ 远离"IDIOTS"式致命思维
★ 运用"防御系统"对付"销售导弹"
★ 将服务或产品"美元化"

集客行动营销总裁训练营专用教材

传统推播营销的难题始终是事先无法预测、事后无法评估。崭新的集客行动营销针对这一点提出了解决方案，让你轻松掌控营销和销售的结果，并确保每1美元的营销投入都能产生至少30美元的回报。

本书语言幽默风趣，包括79个简便易学的低成本、高回报营销建议以及一套"21天集客行动营销实战演练"课程。

全球著名营销大师、《销售中的心理学》作者 博恩·崔西
世界著名管理大师、《管理中的魔鬼细节》作者 马歇尔·古德史密斯
欣然推荐

中资海派出品
为精英阅读而努力

不卖"东西"只卖"体验"的"极致体验经营法则"

为何众多高端客户不去曼哈顿的顶级购物中心，反而频频光顾一家开在仅六万人口小镇普通地段的专卖店？因为他们在这里享受到了极致体验：

贴心的感动体验 为帮客户应急，堂堂米切尔专卖店的CEO竟脱下自己的外套借给他穿

细心的意外体验 首创"以消费者为核心"的存货系统，不止了解消费者买什么，更了解他们不买什么

用心的惊喜体验 熟记客户的尺码、喜爱的样式和颜色甚至宠物的名字

放心的安全体验 店铺关门后，客服电话开启三级呼叫转移，直通专卖店CEO，实现"24小时着装急救"

[美] 杰克·米切尔 ◎著
张若涵 ◎译

策　划：中资海派
定　价：35.00元

不卖"东西"只卖"体验"的"极致体验经营法则"

56个客户极致体验法则　100多个销售第一线案例
三代传承的成功经营秘籍大公开

"iHappy 书友会"会员申请表

姓　名（以身份证为准）：_____　　性　别：_____
年　龄：_____　　　　　　　　　　职　业：_____
手机号码：_____　　　　　　　　　E-mail：_____
邮寄地址：_____　　　　　　　　　邮政编码：_____
微信账号：_____（选填）

请严格按上述格式将相关信息发邮件至中资海派"iHappy 书友会"会员服务部。
　　邮　箱：zzhpHYFW@126.com
　　微信联系方式：请扫描二维码或查找 zzhpszpublishing 关注"中资海派图书"

优惠订购	订阅人		部门		单位名称	
	地　址					
	电　话				传　真	
	电子邮箱		公司网址		邮　编	
	订购书目					
	付款方式	邮局汇款	中资海派商务管理（深圳）有限公司 中国深圳银湖路中国脑库 A 栋四楼　　邮编：518029			
		银行电汇或转账	户　名：中资海派商务管理（深圳）有限公司 开户行：招行深圳科苑支行 账　号：81 5781 4257 1000 1 交通银行卡户名：桂林　　卡　号：622260 1310006 765820			
	附注	1. 请将订阅单连同汇款单影印件传真或邮寄，以凭办理。 2. 订阅单请用正楷填写清楚，以便以最快方式送达。 3. 咨询热线：0755-25970306 转 158、168　传　真：0755-25970309 转 825 E-mail：szmiss@126.com				

→利用本订购单订购一律享受九折特价优惠。
→团购 30 本以上八五折优惠。